JN148965

0歳から育む
賢い食事法

財津あやか

子どもの偏食をなくす
60のお約束

評言社

はじめに

細かく刻んだ離乳食、これが偏食の始まりです。
偏食の子どもたちは食べたくないのではなく、口の発達が低下していて食べたくても食べられないのです。

1歳と4歳のわが家の息子たちは、今朝も小松菜、ほうれん草など、野菜だって自分からモリモリ食べます。これは、わが子たちがただ食いしん坊なだけでなく、ドロドロ、みじん切りなどの一般的な離乳食をあまり経験させずに、メソッドにのっとって食事を進めたからなのです。

もしも今あなたが、
◎子どもが野菜嫌いで好きなものしか食べない
◎子どもが寝た後、何時間もかけて離乳食を作るのが大変
◎子どもが噛むのが苦手で、丸のみしたり、詰め込んで食べるのが怖い

◎肉や野菜など硬いものは飲み込めずに吐き出す
◎本当は子どもと食卓を楽しみたいのに、食べないことにイライラして怒ってしまう
◎子どもが食べるものが限られていて、料理がストレスに感じる
◎保育園の食事は食べるのに家のご飯は食べない

このような悩みを持っているなら、この本を手にとっていただけて、本当によかったです。

なぜなら、子育てで悩みの多い食の問題や子どもたちが食べられない、うまく噛めないなどの食のもどかしさは、この本に書いてある「食べられる口に育てる」ことでほとんど解決するからです。

子どもたちにとって、食事は楽しい時間であり、栄養をとる時間、そして何より、食べ方を学ぶ時間です。

初めから、いろいろな食べものをバランスよく、上手に噛んで食べられる子どもたちはそんなに多くはいません。

子どもたちは、毎日の食卓を通して、食べることへの興味や関心を育みます。

子どもたちが将来、輝く未来を生きる基盤は、大人の脳の90%が完成するといわれる6歳までに「何をどんなふうに食べるのか」で決まります。

お腹がいっぱいなのと栄養が足りている状態は別物であり、脳や言語、そして健やかな心を育てるには、細胞を作る良質な栄養が必要になります。


ただ、どれだけママが一生懸命栄養を考えた料理を作っても、子どもが食べてくれなければ栄養を十分にとることはできません。

この本の食べ方を0歳から取り入れて実践していただければ、何でも食べたいという味覚が育ちます。子どもの食べたい気持ちを育てる方法がちりばめられているので、本書の食べ方を実践することで、食べなかった子が自分から手を伸ばしてモリモリ食べるようになるのです。

たった1回のレッスンで激変した子も大勢います。

味覚育ては、早ければ早いほど効果的ですが、子どもが大きくなっていても大丈夫です。実際に小学生の偏食の子どもたちも効果がありましたし、数か月食べるものを変えるだけでも、細胞や腸内環境は確実に変わります。

この本に書かれているメソッドは、私が主宰している0歳からの育脳食専門学校（乳幼児のママ向けの料理教室）と保育園の管理栄養士として務めた7年間で子どもと食事に向き合ってようやく完成したものです。

子どもたちの食に携わって今年で14年目。年々、偏食や便秘、アレルギー、学習障害、喘息や中耳炎など、食事や体調面で悩みを抱える子どもやママが増えていることに危機感を感じ、乳幼児の食事を探求し続けています。

世の中にある乳幼児向けの本は、ほとんどが栄養の大切さを熱心に伝えているもので、子どもが食べるように砂糖や化学調味料で味を濃くしたようなレシピ本が多いように感じます。

ただ、実際に保育園でも栄養を考えて献立を作って食事を提供しても、食べてほしい子に限って好き嫌いが多く食べられないのです。

どれだけいい栄養を詰め込んで献立を作っても、食べてもらえなければ栄養はとれません。

そのもどかしさを抱えていた栄養士時代に気付いたのが、食べない子の共通点は「口の育ちが十分に育っていないこと」と「味覚の育ちが十分でないこと」でした。

それまでは、従来の離乳食の本を参考にドロドロの離乳食をメインにあげていたのですが、口の育ちが発達していないのは、この柔らかくてドロドロの食事をあげていることにあるのではないかと考えました。

そこからは、保育園でできる範囲で噛む食事にシフトしていったところ、口の育ちが良好に育っている子どもたちは、野菜もよく噛んで好き嫌いなく食べるようになりました。

その経験から、わが子2人含め、教室の子どもたちも0歳からこの本のメソッドで育てたところ、いろいろな野菜をモリモリ食べて、快便で健やかに成長しています。

口の発達は、脳や言語の発達にもつながっており、偏食にも一番直結してきます。このように私の編み出した幼少期の口育てを食から行うことを推進する食べ方を「口育食®」と名付けました。それまで「育脳食」「脳を育てる食事」としていたものを「口育食®」と統一し、世の中に広めていきたいと考えています。

（「口育食®」は財津あやかが主宰する育脳食専門学校で教える育脳食メソッドの登録商標です。本書のなかでは、以降「®」を省略させていただきます。）

ここで、この本の中で紹介しているメソッドを3か月実践された講座生の感想をご紹介しましょう。

「3歳の娘の便秘にずっと悩んでいましたが、サポートしていただき、食事を改善し、口育食のレシピを食べるようにしたら、今では毎日快便になり、1日2回出る時もあるほどです。

レッスンで教えていただいた調理方法に変えたら、娘が「ママのご飯はいつも美味しい！」と今まで食べなかった野菜を自分からよく食べるようになりました。

以前はご飯を作ること、考えることがストレスでしたが、今では野菜たっぷりの美味しいご飯を作って、喜んで食べる子どもたちと食卓を囲めることに毎日幸せを感じています。（3歳&1歳ママ）」

「元々、4歳の娘が便秘で薬や浣腸に頼っている辛い日々を抜け出したくて参加しました。

講座を受講して1週間ほどで子どもの便秘が解消されていき、あんなに痛がって便をしていた辛かった時間が信じられない毎日で感激です。

受講するまでは食べたくない！と言っていた食材も、噛む力がついて今はいろいろ食べられるようになって、娘も嬉しそうです。

何より私が料理を楽しいと思って作れるようになったことに一番びっくりしました。

もしあの時、受講していなかったら、まだ娘の体のことを心配して仕事復帰どころではありませんでした。あの時受講を決めて本当によかったです。ありがとうございました。（4歳&1歳ママ）」

「2歳の娘は野菜が苦手で、少しでも野菜を食べてもらえるように野菜を刻んで混ぜたり、毎日メニューを考え何とか食べさせることで精一杯でした。

講座では、今までやっていたことと真逆のような考え方に驚きました。

今までは、どう野菜を隠せば食べるか、どうしたら食べてくれるか悩んでいましたが、受講後は料理がどんどん簡単になり、子どもの食べられる種類も量も増えました。

母親としてのマインドや考え方なども教えていただき、私自身が変わったことで子どもも食べるようになったのが大きな気づきでした。（2歳&0歳ママ）」

約9割のママやパパたちが、子育てをするなかで食事や栄養バランスでの悩みを抱えているといいます。

本書を読み進めていただければ、子育てにおける食事の悩みは解決すると自信を持ってお伝えしたいです。

子育てに悩むママやパパ、そして何より食事の時間を楽しめていないすべての子どもたちが、本書を通して、食事の悩みを手放し、家族みんなで笑顔溢れる食卓を囲んでいただけるなら、こんなに幸せなことはありません。

一人でも多くの子どもたちが、健やかな食生活を送れ、健やかな心と体で生まれもった才能を発揮させて輝く人生を歩めるきっかけになることを願って。

財津 あやか

もくじ

第2章 噛む力を育てれば野菜好きになる!

第3章 子どものおやつに砂糖はいらない

第4章 味覚育てで自分から進んで食べる子に

第5章　偏食っ子の9割が改善！　口育食の実践レシピ

第１章

０歳からの手づかみ食べが知能を伸ばす

1　0歳から子どもは自分で食べるもの

離乳食と聞くと、食事はママやパパなどの大人がすべて綺麗に食べさせるものと思っていませんか?

私にも4歳と1歳になる息子たちがいますが、初めての検診で離乳食のパンフレットをもらい、とても驚いたことを覚えています。

丁寧に刻んだ食事を数週間分も一気に何時間もかけて作り、いろいろなメニューごとに小分けして冷凍する。

このような作り方を実践するのは、まずメニューを考えるだけでも大変だろうなと感じました。

そして、できた食事はママが最初から最後まで食べさせるのが当たり前のような内容に嫌悪感すら抱きました。

私は、子育てをする前は、保育園で管理栄養士として7年ほど離乳食、幼児食を作ったり、お口の様子や食べ方のアドバイスをして子どもたちの食事に向き合ったりしてきました。

0歳の時から自分で食べる力を育ててあげることは、「僕（私）はこう思う！　これが好き！　こうしたい！」という子どもの主体性を育てます。

そして、「これが食べたいから食べる！」といった体験を重ねていくことで、食べることが大好きで、「何でも食べてみたい！」という好き嫌いもほとんどない子に育っていきます。

子育てでの悩みの8割は「食」といわれるくらい、食事の悩みを抱えるママやパパは多いと思います。

「0歳から自分の意志で子どもが食べる」口育食の食べ方を実践すれば、食べない・偏食・食に興味がないなどの悩みはほとんどなくなると言えるでしょう。

2　賢く育つ離乳食の進め方

乳幼児期は、脳や体が完成に向かって猛スピードで成長します。

2歳で大人の脳の80％が完成するといわれている時期に「何をどんなふうに食べるか」が、子どもの脳の発育や言語の発達を促し、賢くて強い体の基盤を作っていくために非常に重要になります。

こうお伝えすると、「栄養」をとらせればいいんだね！　と思う方も多いと思います。たしかに栄養をとることは大事ですが、それ以上に大切なのが、実は食べさせ方なのです。

特に離乳食スタートから1歳6か月頃までの食べ方は、その後の食事をうまく偏食なく食べられるようになるための「お口育て」の基盤になります。

この時期は本格的な自我が芽生える2歳頃よりもいろいろな食材への抵抗も少なく、食べる確率も高いので、味覚の幅を広げるのに最適です。

逆に口の中が食べられる状態にセットできていないと、

料理を頑張って作っても食べない

⇩

心配になる

⇩

料理することがストレスになる

という悪循環に悩むママも多いです。

だからこそ、賢く育てる食事の基盤は、離乳食の時期にお口を育てる食事を食べさせられるかどうかにかかっていると言っても過言ではありません。

3　0歳からの手づかみ食べが賢い脳の土台を作る

0歳から手でつかんで食べる食事法は、子どもの賢い脳の土台作りや脳の発達、言語の発達を促すことに繋がります。

「指は第二の脳である」といわれるように、幼児教育や知育教室などでも手指を動かすプログラムが多く取り入れられています。

下記のイラストは、人の体の重要な働きを持った部分を大きく表示したヒト型「ホムンクルス人形」です。この絵では、脳に対して影響力の強い手と口、舌が大きく描かれています。

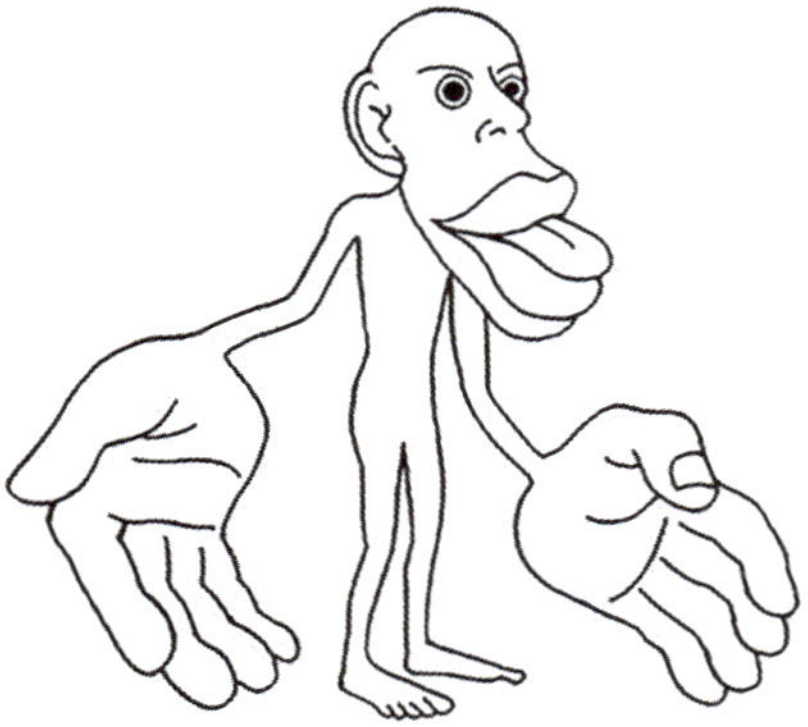

つかみ食べは、子どもが食事を見つけて自分で食べられるかを判断し、手指を動かして口に運び、口に触るなどの一連の動作で行います。

子どもたちは、食事を目の前にすると、

「これは食べられるのか？」

「どうやってつかもうか？」

「口までどのくらいの距離があるのか？」

と考えます。

食べるだけで、考える力や集中力が鍛えられるということです。

また、**０歳から自分で食事することは、手指を使うだけでなく、月齢によっては舌を上下左右に動かしたり、歯で噛んで食べるといった咀嚼の練習もできる**ということです。

脳に対して影響力の強い部位を多方面から刺激することができるので、さらに脳の活性を効果的に促してくれます。

4　子どもが食べものに手を伸ばさない時は

つかみ食べがどんなにいいものでも、実践しようとするとすぐにはうまくいかないかもしれません。

離乳初期から食材に触らせていれば、中期、後期くらいになるとほとんど自分でつかんで食べていますが、つかみ食べを始める時期が1歳頃からのスタートになると、手に食べものがつくのを嫌がる子もいます。

また、月齢が低くても、その子の個性によってはうまくいかないこともあると思います。

食事を触ったり、つかめるようになるまで数日から数週間、そしてつかんだ食べものを口に運ぶまでも、早い子で数日、始めた月齢によっては数か月かかる場合もあります。

その子のペースでのんびりと楽しみながら進めていくようにしましょう。そして、時間がかかる場合は、次の３つのポイントを同時に実行するとスムーズにできるようになります。

①ママが目の前で一緒に食事をする
②食事の時間、ママがお手伝いするのを極力減らす
③食事だけでなく、土や草、芝生など、外遊びで手が汚れる経験をする

①ママが目の前で一緒に食事をする

子どもたちは、大人の食べ方をまねて食べるので、早食いの大人を見て育つと早食いになりやすいです。

腰が据わり、椅子に座れるようになったら、食事は子どもの隣ではなく、ママも正面に座って一緒に食事をするようにしましょう。

②食事の時間、ママがお手伝いするのを極力減らす

隣にママが座ると、どうしても手を出して食べさせてあげたくなると思います。

0歳児でも、食事の時間にママのお手伝い時間が長いと、食事は親が食べさせてくれるものと認識します。

そうすると、大きくなっても自分では食べず「全部食べさせて！」と主張してくることがあります。

「子どもが自分では食事を食べないので、毎日食べさせるのが大変です……」という4、5歳の子どもたちのママからの相談もあるほどです。

0歳児でも、「食事は自分で食べるもの」とママが理解したうえで、お手伝いしてあげる回数を意識して減らしていくだけで、子どもに自分で食べる力が身につきますよ。

③食事だけでなく、土や草、芝生など、外遊びで手が汚れる経験をする

つかみ食べが苦手な子は、手が汚れる経験が少ないということも理由の一つです。

経験がないため、食事以外でも、土などに触るなどで手が汚れることを嫌がる傾向にあるのです。

以前、保育園の子どもたちと畑仕事をした時も、つかみ食べに慣れていない子たちは、土に触るのを嫌がっていたのに対して、つかみ食べをよくする子は隣で喜んで土遊びをしていたのが印象的でした。

外遊びでいろいろな感触遊びをしたり、野菜のもさもさした感じやおかゆのどろどろ、汁のべちゃべちゃなど、いろいろな感触の食事をつかんで食べる経験を重ねていくと、だんだん上手に自分で食べられるようになっていきますよ。

5　離乳食スタートに何を食べたかが偏食の分かれ道

日本の離乳食は、「おかゆ」から始めることが一般的になっていますよね。

おかゆに慣れたら、甘味のある人参、玉ねぎ、南瓜、芋などの糖質に偏り、赤ちゃんの喜ぶ甘味の味を積極的に与える傾向があります。

ただ、これは研究でもわかっていますが、離乳食スタートの時期に食べたものは、味覚（今後、食べられるようになるものの味の幅）にものすごく影響を与えます。

たしかに甘味は赤ちゃんにとって一番安心する味ですが、離乳食スタートの時期に多くの場合、母乳やミルクなどの甘味のある糖質を口にしているからこそ、意識的に甘味以外の味を教えてあげるほうが味覚の幅を広げます。

特に**初期の頃は、苦味や酸味などの味を体験する機会を作る**ことをおすすめします。

わが子たちは二人とも、離乳食スタートは野菜スープから始まり、初めて口にするペーストの野菜は小松菜やほうれん草などの緑物の野菜でした。

生まれて初めて苦味を口にすると、ものすごい顔をするかもしれません。でも、数日続けて与えると、徐々に苦味を食べられる味覚の幅が広がり、好んで自分から食べるようになることも。**苦味に慣れてきたら、大根やキャベツ、など甘味の柔らかい野菜を足してあげながら甘味野菜にも慣れていきます。**

おかゆが始まったら、糖質をお米でとっているので、甘味の野菜や芋類に偏りすぎないように準備すると栄養が整いやすくなります。

わが家の1歳、4歳の息子たちや、離乳食初期から教室の口育食のレシピや食べ方で苦味野菜を取り入れた生徒さんの子どもたちは、成長してからも葉物野菜などの緑野菜もよく食べていますよ。

0歳から6歳頃までの教室の子どもたちの食事の風景などは、インスタグラムで随時更新中です。

6　偏食は出会った味と食感を体験した回数で決まる！

「子どもが偏食で野菜を嫌がって好きなものしか食べません」

そんなお悩み相談の多くは、２歳頃から小学生くらいの子どものママからのもの。

「食事を見ただけで嫌がるのでもう食卓に出すこともありません」

という方も多いのではないでしょうか。

離乳食の時期をすぎて年齢が大きくなった子たちへのアドバイスとして有効なのが、**食材を見る回数を増やす**というやり方です。

子どもたちは初めての食材を見て食べたいと思うまでに数回～10回以上かかるといわれています。

初めて見る食材は、見る⇩においをかぐ⇩触る⇩舐める⇩食べるなど、段階的に少

しずつ進んでいって初めて食べられるようになります。

初めて見る食べものやあまり食卓に並んでいない食事に手をつけないのは当然のこと。**見慣れない食事を食べないことは偏食ではない**と思っています。

なので、どうか慣れない食事を子どもたちが食べられないことだけで、すぐに「うちの子は偏食だ」と決めつけないでください。

食べられる段階を踏んでいけば食べるものは増えていきます。

その経験をとおして「食べることって楽しい。幸せ」と感じることで、食べる意欲や食の興味も育っていくのです。

7　スプーンで食べさせる食事が食べたい意欲を奪う

1歳になるまでは親がスプーンで食事を食べさせ、それ以降は徐々に子どもが自分で食べるように介助して、2歳をすぎてもまだまだ半分以上親が食べさせているなんてご家庭も多いのではないでしょうか。

2歳頃になると、兄弟ができていたり、ママが仕事に復帰したりして、忙しくなる時でもありますよね。そんな時に、1日3食食べさせてあげていたり、食事にだらだらと時間をかけて食べるタイプの子どもだったりすると、食事の時間が苦痛に感じられることがあるかもしれません。

「子どもが自分で食事しない」

「食事時間になっても他のことに夢中で食事にまったく集中してくれない！」

そんなふうに悩むママも多いと思いますが、これって実は親が食事を子どもに食べさせていることが原因の一つだったりするのです。

食事をスプーンで食べさせてもらっていると、どうしても子どもは食事を受け身に感じるようになります。食べたいより食べさせられていると感じ、「食事が楽しい！」「美味しい！」「食べることが好き！」という気持ちも湧きにくくなります。

それに対して、自分で食事をとるようになると、食事が主体的になり、自分が食べたいタイミングで食べたいものを口に運ぶため、食べることが楽しいと感じるようになり、食べる意欲に直結します。

人に無理に押し付けられたり、強制されることって好きにはなれませんよね。ですが、自分がやりたいことができたり、自分の思った通りに事が進むと、幸せや喜びを感じると思います。子どもたちにとっても食べることはこれと同じ。

1歳になったからいきなり主体的に食事を切り替えるのではなく、離乳食スタートから主体的に食べられるように練習させてあげることが、後々、食事の悩みのない子育てをする秘訣なのです。

8　手づかみ食べは離乳食初期から始める

では、具体的にいつからつかみ食べを始めればいいのでしょうか。

その答えは、**子どもが目の前にあるものに手を伸ばせるようになってきた頃から。初めはつかんで食べることができなくても、食材に触ることから始めていきます。**

わが家の子どもたちも離乳食初期頃から食べものに自由に触れるようにしていました。初めは嫌がったり、不思議そうな表情でしたが、徐々に食べものだとわかるようになると、手に付いたものを口に運ぶようになります。

ペーストのような食材でも、スープでも、おかゆでも、納豆でも（笑）。

子どもの好きに食べさせていると、徐々に口に運ぶのが上手になって、後期くらいにはだいたい一人で最後まで食べることができるようになります。

つかみ食べをするうえで大事なことは、食事を基準よりも多めに準備することです。

つかみ食べを始めた時は3分の1ほどしか口に入らないかもしれません。でも、それで大丈夫。失敗しながら上手になっていきます。こんなに小さくても一生懸命成長しようとする様子がたまらなく可愛く思えてきます。

初めは食事の片づけなど手間に思えるかもしれませんが、自分で主体的に食べることを一度覚えると、食事に手がかからなくなります。また、栄養を食事からしっかり食べられると健康になるため、風邪を引いてもすぐ治ります。

後々、やっていて本当によかったと思えるような日々が待っていますよ。

9　糖質メインの子どもの食事が偏食を作る

子どもが喜ぶご飯を作ろうとすると、どうしてもチャーハンやうどん、パンやパスタ、コーンスープ、カレーなどが多くなりがちです。

離乳期だと、具だくさんのおじや、芋、野菜を刻んで入れたおやきなどもありますが、これらはどれも炭水化物がメインの食事です。

偏食にならない味覚を育てるためには、甘味・辛味・苦味・酸味・塩味・旨味など、いろいろな味を経験する必要があります。

この中でも普段から一つの味（例えば甘味）ばかりが多くて他の味をあまり経験していないと、他の味を嫌がる傾向があります。

この6つの中でも、特に「甘味」は子どもたちにとって大好きな味です。甘味には「炭水化物」も含まれており、甘味と他の味を混ぜたり、一緒に食べることで食べやすくなるメリットがあります。

ただし、甘味と混ぜることで、他の味を感じられなくなってしまうということもあります。

普段から野菜などの苦味の味を炭水化物に混ぜて食べることを習慣にしてしまうと、特定の味（特に苦味と酸味）などを嫌がったり、お米、パン、麺や炭水化物しか食べない、野菜は刻まないと食べないなどの状況になりやすいです。

1歳頃までは、2歳頃に比べると食べることへのハードルが低いので、小さい月齢の時から、苦味や酸味など、子どもが苦手になりやすい味をできるだけ食卓に出すようにしましょう。

自然と味覚が育ち、好き嫌いなくいろいろなものを食べてみようとするようになります。

10　フリージング離乳食と偏食の関係

子どもたちを寝かしつけた後、夜な夜な数時間かけてたくさんの料理を作り、刻んで冷凍して、かぶらないようにメニューを考えたり、時短のためにやっていることが逆にストレスになったりしていませんか？

「育児雑誌にのっている1週間の献立を大人のご飯と毎日別に作って、1日3回食べさせて、とにかく毎日時間がない」と教室に相談に来られた方がいました。

それは当然です！

1歳頃まではたしかに栄養も大切ですが、**この時期の子どもたちに一番重要なのは、噛んで飲み込む練習をすること**なんです。

1歳頃までの時期は、たくさんの種類の食材を時間通り食べさせることよりも、その子に合った食材で噛む練習ができることが重要です。口や脳の発達が促されて、それがその子どもの土台になっていくからです。

フリージングは、固形物以外のスープやおかゆなどにはとても効率的で便利な方法だと思いますが、固形物は一度冷凍するとくたくたになり、噛む練習には向きません。噛むことがうまくいかず、噛む力や顎の発達が遅れると、２歳頃になって普通食になった途端に食事が進まなくなります。葉物野菜や肉などの奥歯をつかうような噛みにくい食材は嫌がったり、食べても噛んで飲み込むことができずに口から吐き出したりすることが多くなります。

子どもたちを見ていて感じるのは、食べないのは偏食ではなく、噛む力が育っていないために本当は食べたくても食べられないだけなのではないかということ。

離乳食期から食事をよく噛んで食べる口に育てておくと、葉物でも肉でも「何でも食べてみたい！」という意欲を育てることができますよ。

11 野菜や肉を噛んで飲み込めずに吐き出す子は奥歯育てで解決

野菜や肉などの噛みにくい食材を噛んで飲み込めずに口から吐き出す子たちには、どのようにしたらいいのでしょうか。

前歯を使って食べる練習から始めるのが効果大です！

奥歯で上手に噛むには、前歯で噛んで奥歯に送る動きが必要になります。

普段から1cmサイズくらいの小さく切った肉や野菜を食べている子は、舌でつぶして食べることに慣れているので、前歯を使うタイミングがほとんどありません。

例えば鶏肉だったら、ミンチ肉やミートボールなどのつぶしやすいものではなく、骨付きの手羽元にしてみましょう。

夏の時期でしたら、丸ごと茹でたとうもろこしにかじりつかせたりするのもいいですね。

人参や大根、ブロッコリーなども一口で食べられないサイズにして、かじらせて奥歯で噛んで飲み込む動きの練習をしていくことで、上手に食べられるようになりますよ。

ただし、大きな野菜を食べさせる時に一つ注意点があります。

それは、野菜の硬さを歯茎でつぶせる（ママの親指と人差し指でつぶせるかやってみるとわかりやすい）柔らかさにしておくこと。

硬すぎると吐き出すか丸のみしようとするので、お鍋でコトコト煮て指でつぶせるようにするのが上手に食べられるようになるポイントです。

このあと月齢別にレシピを紹介しているので、お子さんの食べ方を見ながら参考にしてくださいね。

12 好きなものだけを食べる子は盛り付けで変わる

「子どもが好きなものしか食べません」と困っているママやパパは多いのではないでしょうか。

その解決法は、実は盛り付け方にあります。

好きなものしか食べないという時は、裏を返せば好きなものだけで十分お腹が満たされている状態なのです。満腹の状態では、野菜や苦手な食事が入らないのも無理はありません。

1回の食事が少なく頻回に間食をする場合も同じ理由で、空腹を感じる時間があまりない子の場合は、食べむら、食事に集中しない、毎回食事に1時間以上がかかる…など、ママにとっても子どもにとっても食事の時間がストレスになりがちです。

まずは、**食事と3時のおやつの時間以外に間食をせず空腹にして、食べる準備をしてあげる**ことです。

また、**食器に盛り付ける時は大皿で出すことは控えましょう。**

大皿で出すと、好きなものだけを食べてしまい、それで満腹になるなんてことに繋がるのです。基本は１人分ずつ盛り付けるのがおすすめです。

子どもの好きなものは少量にして、苦手なものや初めての食材も少し盛り付け、すべて食べてからおかわりするスタイルなど、ルールを決めるのも効果的。

わが家でも大皿で目の前にあると好きなものをたくさん食べようとしますが、小分けで盛り付けてあげることで、完食した後におかわりするようになりました。

普段なら絶対食べない野菜でも空腹なら食べてくれるのはよくあること。体を動かす遊びを取り入れながら、食べる準備をするとよいですね。

13　よく風邪を引く子ほど丸のみでよく噛まない

保育園で流行りの風邪をもらってきて、頻繁にお休みするなんてことはありませんか？　お仕事をされているママは特に大変ですよね。

免疫力は体質も影響しているとは思いますが、今の子どもたちで多い原因は、よく噛まないことや腸のトラブル、栄養不足などではないのかなと感じます。

3か月ほど子どもたちの食改善をさせていただくと、ほとんどの子どもたちが以前より風邪を引きにくくなったり、風邪を引いても重症化しにくくなったりします。効果が目に見えてわかるようになるのです。

これこそが、やはり**食べもので免疫力が劇的に変わる**という証拠だと思います。

子どもたちの食事改善で一番に始めることが、噛む食事に移行するということです。

よく風邪を引くなど、トラブルに悩む子どもたちの多くが、あまり噛まなくていいようなものを好むようです。噛む力や顎が上手に育っていないことで、口が開いている状態が多いことも特徴の一つです。

口呼吸になると、免疫の門番のような菌たちの働きが鈍るので、風邪を引きやすくなります。年中鼻が詰まっていて、食事をたくさん噛むこと自体が困難な場合もあります。

よく噛まずに食事を食べる癖が付くと、胃腸に負担がかかり、腸内環境の悪化から便秘になったり、どれだけいい栄養をとっても吸収されにくいなどのデメリットもあります。

免疫力を高めるには、まずは、**今食べているような、噛まなくても食べられる食事を減らしていくこと**です。例えば、野菜を刻んでご飯に混ぜるチャーハン、丼もののようにかきこんで食べるものや麺、パン、お好み焼きやお焼きのような食事です。

そして、野菜をさっと蒸して、食感や野菜の甘味を生かした調理法に変え、噛んで食べる食事にすることから始めてみてください。

14　冬場の夏野菜が体を冷やして免疫力もダウン

食卓に旬の食材が出るようになると、体が軽くなり、疲れにくくなることを体感できます。大人でも食べもので体が変わるので、子どもはさらに変化が早いです。日本には四季があります。服装もその季節に合ったものを選びます。冬場にノースリーブで外に出たら、寒くて風邪引きそうだなと感じるのが普通です。食卓も全く同じです。冬場にミニトマトやきゅうり、コーンなどの夏野菜や南国のバナナなどを頻繁に食べるのは体を冷やすのと同じことなんです。

食べ慣れているものしか食べないという子たちにも、できるだけ旬に合わせた食べものを食卓で見せてあげることをおすすめします。

夏野菜や夏の食材を真逆の冬に頻繁にとっていると、体が内側から冷えてしまい、

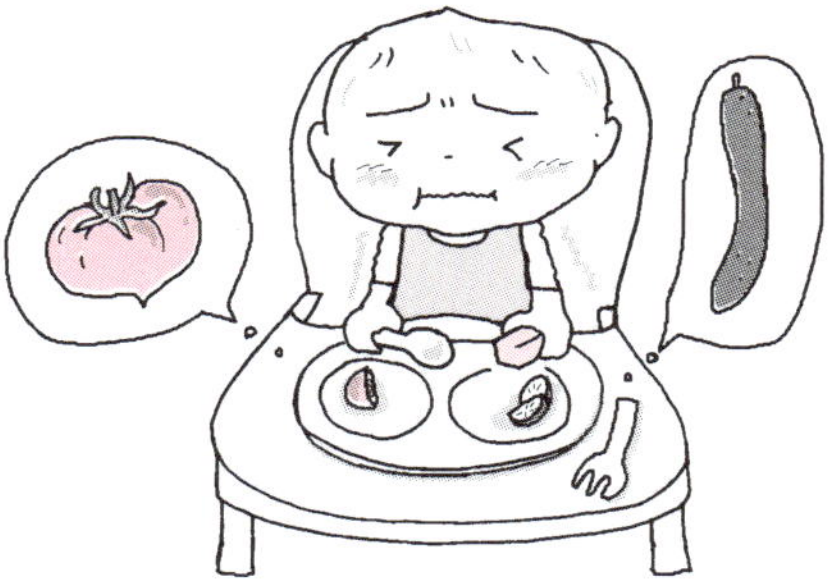

免疫が下がり、風邪などの体調不良に繋がりやすくなります。

スーパーには旬のものが何かわからないほど食材が溢れています。でも、道の駅や地元の野菜を販売しているお店では、旬のものがメインで安く販売されています。

旬の食べものを子どもたちに見せてあげられる貴重な場所なので、もしお家の近くにあれば、子どもたちと一度行ってみるのもいいかもしれません。

ただ、旬のものだけで食事をしようとすると限られた食卓になりがちです。食べたいものも上手に取り入れながら、体調に合わせて冷やしすぎないように工夫して、楽しい食卓を囲めるといいですね。

第2章

噛む力を育てれば野菜好きになる！

15　咀嚼力の低下が偏食の最大の原因

2歳をすぎた頃に多い悩みに、「偏食で栄養の偏りが気になる」ことがあります。

「今だけだから、食べるものを食べさせて」という指導も多いようですが、偏食は放っておいて勝手に改善するものではありません。

現に高校生の男の子が全く野菜を食べず、最近になって発達や体調面で気になることが増えてきた、なんてご相談もいただくほどです。

放っておいても治らない理由は、偏食になっている原因があるからです。

今まで1000名以上の子どもたちを見てきて確信しているのが、ほとんどの場合、**噛む力がついていないことが偏食の原因だということ。**

偏食といわれる状態で多いのが、葉物野菜や肉などの噛みにくいものを嫌がる、お米ばかり食べる、逆にお米は食べない、味の薄いものは食べない、果物やパンしか食べないなど。

いろいろなパターンの子がいますが、多くの場合は食感に慣れていないか、噛み方、飲み込み方がわからないなどの理由です。

練習すれば食べられるようになることが多いのですが、「いつも食べないし、飲み込みにくそうだから、これは嫌いなんだ、小さくしないといけない」とママが感じて手を加えることで、さらに食べなくなることもあります。

月齢が低いほど、練習もしやすく、効果があらわれるのも早いので、**好き嫌いの比較的出にくい０歳の時期から味や硬さに慣れる練習をしておくのがおすすめ**です。

教室の生徒さんでは４、５歳から食事改善をする子どもたちもたくさんいます。

４、５歳からでも、３か月あれば十分に食べられるものが増えてくるので、月齢が大きくなっていたとしても諦めないでくださいね。

16　偏食っ子には野菜の食感に変化をつける

子どもの食べない理由に、「食感が嫌い！」「同じような食感ばかりで味に飽きてしまう」というものがあります。

モサモサする魚や芋、柔らかいナスやトマト、ネバネバの納豆など、特定の食感を嫌がる子どもたちもいます。

食感に敏感な子どもたちには、**いろいろな食感の料理を出して、「美味しい！」「これは好き！」の幅を広げられるようにすることが効果的**です。

「モチモチ・ザクザク・ポリポリ・パリッ・つるん」などは、子どもの好みやすい食感です。

「モチモチ」は、山芋のすりおろしや南瓜をつぶして米粉と混ぜて焼いたもの。

「ザクザク」は、１㎝厚さに切ったレンコンなどを硬めに焼いたもの。
「ポリポリ」は、生野菜のきゅうやかぶなどをスティック状に切ったもの。
「パリッ」は、ごぼうや里芋などの野菜をオーブンで焼いてチップスにしたもの。
「つるん」は、お豆腐や、だし汁を寒天で固めてジュレ風のソースで野菜を和えたものなど。

いろいろな食感を体験することが子どもの味覚を育て、食べる力を育てます。そしてさらに、子どもが食に興味を持ち、「食べること、食べる時間って楽しい！　幸せ！」と食の喜びを感じられるようになるのです。

17 時期外れの野菜で野菜嫌いに？

「野菜嫌いの子どもたちも、口育食のレシピなら、大きな野菜だって葉物野菜だってよく食べる！」

「教室のレシピは神レシピ！」

と絶賛の声をいただくことが多いです。

子どもが喜ぶ料理の最大のポイントは、旬の野菜をたくさん使って作ることです。

旬の時期の野菜は、そうでない野菜と比べると、栄養価が高いだけでなく、甘味・旨味といった子どもの本能的に好む味が強く感じられます。

逆に旬のものでない野菜は、甘味や旨味も落ちて、子どもが苦手としやすい苦味が強くなっていることが多いのです。

大人の約3倍も強く味を感じられるセンサーを持つ子どもたちは、大人にとって感じ取れない苦味でも強く感じるようにできています。子どもたちにはちゃんと体に合っていることがわかるんだなと感心することもしばしばです。

4歳と1歳の息子たちも、旬の時期のほうれん草はばくばく食べるのですが、ハウス栽培のほうれん草だと「苦い」と言って食べないことも。

野菜を美味しく調理することも大事ですが、素材がいいものであると、いろいろな調味料がなくても料理は勝手に美味しくなり、子どもたちも自分からよく食べるようになりますよ。

18　０歳からの「お口育て」が賢い脳を育てる

６歳までに何を食べるかで、心と体が健やかに発達できるかどうかが決まります。６歳までに食べたものが賢い脳を育てると言ってもいいでしょう。

そのためには、**０歳から良質な栄養を食事からとる能力を育てること**です。その後の子どもの人生の可能性を大きく広げる投資のようなものだと考えてください。

どれだけいい食材をつかって栄養バランスのいい献立を立て、毎日何時間もかけて作ったとしても、食べなかったり、噛めずに出してしまったりしては、栄養をとることはできませんよね。

そんな日々が続くと、毎日の料理すらもストレスになってしまう。その気持ち、本当によくわかります。

私自身も、４年前までは保育園の子どもたちに、毎日、栄養バランスを考えて給食を作っていました。でもどれだけバランスよく完璧な献立を立てて提供しても、子どもたちが食べてくれないと意味がなく、どうやったら食べてくれるのかな…？と悩む日々が続きました。

そして、毎月改善を繰り返し、７年ほどかかってようやく、子どもたちの好むレシピや味付けが体感的にわかってきました。

でも、試行錯誤しながら考えるのは、保育園の仕事だったからできたこと。子育てしながら仕事もしているママたちがそこまで考えて実践するのは、大変すぎて現実的ではありません。

子どもたちに食べることが楽しいな、幸せだな、と感じられる食体験をさせてあげるためにも、ストレスフリーな食卓を囲むためにも、０歳から食べられる能力を育てましょう。

食べられる能力とは、簡単に言うと、**咀嚼して飲み込む力（食べる力）を育てること**です。

次に月齢別のレシピをご紹介しているので、参考にしてください。

19　月齢別の食べ方と、食べて育つ「お口育て」のレシピ

初期（5〜6か月）

・首のすわり
・うつぶせ寝にした時にひじをついて顔を上げられる
・便の状態や体調

などをチェックしてから始めます。

この時期だけは、ママがスプーンで手伝います。腰を支えて抱っこして、舌の上にスプーンを置き、上唇を閉じる練習をし、上唇を閉じる動きができるようになったらステップアップします。

赤ちゃんをママの膝の上に座らせて腰を丸く抱っこする。

この時期に、子どもが自ら口を閉じる動きを習得しておくと、ステップアップした時にスムーズに一口サイズにかじって食べるようになります。

逆に、この段階でママがスプーンを子どもの上あごに押し当てて食べさせるなど、口が閉じる練習がスムーズでないと、ステップアップした時に唇をうまく閉じて食べる動きに苦戦することがあります。

左のイラストのようにスプーンの動かし方を意識して進めてあげてくださいね。

1 スプーンですくった
野菜を舌の上に置く。

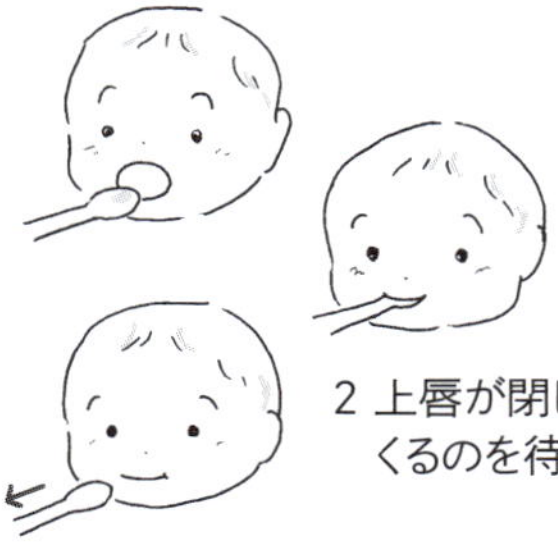

2 上唇が閉じて
くるのを待つ。

3 スプーンを引き抜く。

5～6か月頃の食事

中期（7〜8か月）

離乳食を初めて1月くらいたつと、つかみ食べで自ら食べる姿が見られるようになります。この頃から自分で食べたい意欲を育てるためには、最初は子どもに自由に食事をさせてみることです。すべてちゃんと口に入れて食べさせることよりも、自分で口に少しでも食べられるように援助します。

この時期の食事が一番ちらかりやすいのですが、自分で食べる意欲を育てられると後々とても楽になるので、無理のない範囲で続けましょう。

飲み込むだけの動きから、舌を上あごにつけながら舌で食べものをつぶすような食べ方に移行していく時期です。食べものを刻みすぎないことがポイントです。舌で上手につぶして食べられるようになったら、徐々にステップアップしていきます。

固形物に慣れてきたら徐々に手で持てるくらいの食材のサイズに移行して手づかみ食べを本格的に始めていきます。この頃は、野菜を自分でつかんで一口サイズにかじって食べられるようになるので、舌の上でつぶして食べる硬さに仕上げることが大切です。硬いと丸のみの危険があるので、月齢だけでなく離乳食を始めた期間なども考慮しながら、慎重に進めましょう。

手でつかんだ野菜を口に運ぶ練習。
初めは大きな野菜を触ったり、舐めたりしながら、
徐々にかじって食べられるようになる。

上下の唇がしっかり閉じて薄く見える。
左右の口角が同時に伸縮する。

7～8か月頃の食事

後期（9～11か月）

この頃になると、ほとんどの食事を自分で食べようという意欲が感じられる子どもも出てきます。引き続きお手伝いしすぎないようにして、自分で食べる時間を設けたり、ママも一緒に食事するなどして、食べ方を見せていくようにします。

この時期は、前歯で食べものをかじり取り、奥の歯茎でつぶして食べる動きができるようになります。中期の頃の手で持つとすぐ崩れてしまうような硬さの野菜から、少しずつ硬くなり、歯茎でつぶして食べられるようになります。

噛みたい、自分で食べたい、といった意欲が出てくる子もいます。

歯茎でつぶして食べられる硬さに仕上げ、子どもに自由に食べさせるつかみ食べの時間を増やして、食事が美味しく楽しく進められる準備をしてあげましょう。

歯茎でよく噛むためには、前歯でかじって食べることがポイントです。

舌の上にのせて食べられるくらいのスプーンにのるサイズの野菜だと、歯茎で噛まなくても、舌でつぶして食べようとしたり、丸のみしようとする場合があります。

大根や人参などの食べやすいものは大きめに切り、葉物野菜など歯茎でつぶしにくい噛みにくい野菜は細かくしてあげましょう。

慣れてくると、つかんだ食べものと口との距離感覚がつかめてくるので、上手に口に運んで前歯でかじり取ることができるようになる。

ほっぺが左右に動いて
奥の歯茎でつぶして食べる。

9～11か月頃の食事

完了期（1歳頃）

歯茎でつぶして食べる動きに慣れてきたら、葉物などのすりつぶして食べるような野菜も毎食出していきます。この時期にすりつぶして食べるような食べものに慣れておくと、2歳頃に「緑の葉物や薄切りの肉などを噛み切らずに食べない」などのトラブルを予防することができます。

一口では食べられない野菜の大きさ。手で持ってもすぐつぶれない。

両方のほっぺがよく動いている。

1歳頃の食事

月齢別の食事

月齢	初期５～６か月	中期７～８か月	後期９～11か月	完了期１歳頃
食べ方	初めはスプーンを使い、上唇を閉じる練習 食べものに触らせてみる	舌を上あごにつけながら食べものをつぶすように食べる つかみ食べで自ら食べられる欲を育てる	前歯で食べものをかじり取り、奥の歯茎でつぶして食べる	後期に引き続き前歯で食べものをかじり取って食べる 両方のほっぺがしっかり動いてどちらの歯茎も使って食べるように促す
食材の大きさ	すりつぶしから徐々に粒が混じる食事	刻みに慣れたら徐々に手に持てるサイズに移行していく	一口では食べられないかじり取れるサイズのもの	一口では食べられないかじり取れるサイズのもの
食材の硬さ	くたくたにしてすぐ飲み込めるように	舌でつぶせる豆腐や完熟バナナくらい	歯茎で噛める青いバナナやハンバーグ、おでんの大根くらい	後期の硬さに続き、葉物など、歯茎でつぶして食べるようなものも加える

口育食レシピ❶—1つの鍋で4品仕上げる0歳用メニュー

お魚のスープ煮
ほうれん草のおかかまぶし
かじり取り大根
ポトフ風スープ（キャベツ、じゃがいも、玉ねぎ）

材料（離乳食1人分）

・白身魚 1切・キャベツ 1/2 枚・じゃがいも 1/3 個

・玉ねぎ 1/4 個・人参 1/4 本・大根 3㎝厚さ輪切り1個

・ほうれん草 1/2 束・かつお節 少々

作り方

① じゃがいも、人参は 1 ㎝厚さのイチョウ切り、玉ねぎは 1/4 サイズのくし形切り、大根は 3 ㎝厚さ輪切りにして深めの鍋に入れ、かぶるくらいの水を入れて中火で煮る。沸騰したら弱火に落として魚を加える（つかみ食べ用の場合は大き目に手づかみで食べられるサイズに切る）。

② キャベツは 5 ㎝の角切りに、ほうれん草は 2 ㎝幅に切って、①の鍋の上から入れて火を通す。葉物野菜と他の野菜は、それぞれの月齢の硬さを目安に加熱する。

③ 食材が煮えたら、それぞれ皿に盛り、ほうれん草はかつお節で和える。初期、中期の場合は子どもが食べられるサイズに調理する。

Point

❶ 後期以降はだし汁の昆布などを一緒に入れても美味しいです。

❷ 1歳前後くらいまでのレシピとなります。味付けはしていませんが、幼児食用に作る場合は、塩麴や醤油などで味付けしてもよいでしょう。

❸ 材料はつかみ食べ用に、落としても大丈夫なように多めになっているので、食べられる量で調整してくださいね。

20 離乳食は取り分けでとことん手抜きしよう

教室でお伝えしている料理は、大人の食事から取り分けて作る料理が基本です。

離乳食、幼児食は頑張って作るものでも時間をかけて作るものでもなく、ただ、普段の大人の食事を作れば、ついでにできてるくらいの心持ちでちょうどいいのです。

そしてそのほうがうまくいきます。

たまに、「離乳食、幼児食を週末にまとめて作り、大人の食事は作る気力がなく、子どものあまりでほとんど味のない食事を食べています」というママがいますが、こんな状態では、ママやパパが家で食べる食事に心からの喜びや幸せを感じるのは難しいですよね。

0歳の赤ちゃんだって大人が食事する姿をしっかりと見て感じています。ママやパパが家の食事に感じている気持ちは子どもたちにもそのまま伝染しますので、できるだけ食事の時間は大人も食事を丁寧に味わって一緒に食べられるようにしましょう。

食事の時間に集中できたり、食べることへの興味が育ちますよ。

子どもの食事作りで一番大事なことは、**子どもの食事に親が合わせるのではなく、親の食事から子どもの分を取り分けて作る**こと。

子どもの食べるメニューに合わせたり、子どもは何を食べるかな…？と考えて作る料理を続けると、子どもの食べられる幅も狭まり、何より毎日料理をすることが大変になってしまいます。

せっかく子どものために作っているのに疲れてしまってはもったいない。

今夜は、ぜひ自分の食べたいものを作って子どもたちと楽しい食事の時間を過ごしてくださいね。

21 丸ごとの皮つき野菜が野菜好きな味覚を育てる

教室の子どもたちは、レンコンやブロッコリー、小松菜、人参など大きな野菜を手でつかんで自分でモリモリ食べます。

0歳の時期だけでなく、2、3歳や4歳以上の子どもたちも、たまに気分のむらはありますが、皿にのった野菜をぺろりと食べて、「ピカピカにしたよー!」と元気いっぱいに見せてくれます。

野菜好きな味覚に育てる秘訣は、野菜は丸ごとの新鮮なものを買ってくること。できれば地元の野菜などで、採れて時間のあまりたっていないものがおすすめです。

丸ごとの野菜を買ってきたら、早めに袋に入れて冷蔵庫で保管し、食べる時に取り出しカットして1週間くらいで使いきり、料理には基本皮つきのまま使います。

里芋や玉ねぎなどの皮は食べにくいので剥きますが、人参、南瓜、じゃがいも、さつまいも、レンコン、山芋、大根、ごぼうなどの野菜は、すべてたわしなどでゴシゴシこすって農薬をしっかり落として料理します。

野菜と皮の間には栄養があり、甘味や旨味も詰まっています。

皮付きのまま蒸すことでさらに野菜の甘味や旨味が引き立つので、ぜひ一度試してみてください。

最近では、カット野菜や冷凍野菜の需要が高まっているようですが、野菜はカットした後、急速に栄養価や味が落ちます。冷凍野菜は栄養価が高いといわれることもありますが、一度冷凍した野菜はやはり味や食感の美味しさは生野菜には勝てません。子どもたちはこの味の違いがわかるので、丸ごとの野菜なら食べるのに、冷凍野菜やカットされて時間のたった野菜などは食べないなんてことも多いのです。

乳幼児期は大人に比べると食事量も少ないので、少量でも栄養価の高い丸ごとの野菜を買って食べさせてあげるほうが、同じ量の栄養をとることを考えると経済的にも安くなりますし、子どもたちの体にとっても優しい選択になると思います。

22 噛まない、丸のみ、詰め込み食べは癖になる！

0歳、1歳児で多い悩みと言えば、噛まずに丸のみして吐いてしまったり、詰め込んで口に入れすぎるなど、食べものを上手に噛んで飲み込めないことからのトラブルが多いです。

側で見ているママとしては、びっくりしたり、心配になったりしますよね。

0歳、1歳頃の子どもたちは、毎日の食事の中で食べ方を練習しているので、初めはうまくいかないこともあります。

丸のみしたり、詰め込んで食べるとうまく飲み込めないことを経験できると、上手に噛んで食べられるようになります。

子どもたちにとっての食べる練習とは、大きな野菜や肉を口に入れて一口量を噛みちぎって食べるなどの、前歯と奥歯（奥の歯茎）を使った食べ方のことを言います。

逆に丸のみや詰め込みが心配で、１歳を過ぎても小さく刻んだ食事やフリージングした料理などを食べさせていると、噛む力が育ちにくく、また子どもたちの食べる練習になりにくいのです。

成長してからも噛まずに丸のみしたり、詰め込んで食べ、よく噛まないことから便秘や肥満に繋がっている子たちも多いです。

３歳頃までに習得した食べ方は癖になり、その後改善するには時間と忍耐が必要になります。ママから見て何か気になる食べ方があれば、食卓の中で子どもが練習できるような環境に整えてあげましょう。

野菜は小さく刻めば刻むほど子どもたちの練習の回数が減ってしまいますので、できるだけ子どもが一口で食べられない食材のサイズに切ってあげましょう。

23　0歳、1歳児に調味料は必要ない

市販のベビーフードには、中期頃から砂糖、塩、醤油などの調味料が使われているものも多くあり、離乳食、幼児食のレシピによっても早い時期から調味料が使われていたりしますよね。

本来はいつから使うべきなのか、迷ってしまう方も多いのではないでしょうか。

子どもたちの味覚育ての観点から言うと、**できれば1歳半～2歳頃までは、なるべく調味料は使わずに素材のままの味で料理して素材の味を教えてあげるのがおすすめです。**

調味料は使う量や使い方によっては、野菜の素材の甘味、旨味を感じられる能力（味覚の幅）を狭めてしまうこともあるので、乳幼児期は使ってもほんの数滴などにして

大人が食べてもあまり塩味を感じないくらいが目安です。

野菜をただ焼いただけや茹でただけだとあまり進まないという子には、きなこ、ごま、青のり、かつお節などの風味のあるもので野菜を和えたりかけたりしてあげると喜んで食べます。

特に注意したいのが、作った料理が全体的に茶色くなっていることです。使っている調味料が多すぎて、味つけが濃くなってしまっている場合が多く、それが子どもが少量しか食べられない原因になっていることもよくあるのです。

どうしても味付けしたい場合は、焼いた野菜に上から少しだけ醤油をかけるなどの方法もいいですね。

調味料は、献立にメリハリを付けて食事を楽しむためにあります。

すべての料理にしっかり味付けをするより、薄味のもの、さっと焼いただけのもの、味噌の味がしっかりする味噌汁など、一食の中でメリハリをつけることが、子どもたちが好き嫌いなくいろいろなものを楽しく食べられるようになる秘訣です。

24　便秘・軟便などの腸トラブルが偏食の原因？

便秘、軟便などの腸のトラブルを抱える子どもたちが年々増えています。

0歳児から便秘がちで、3歳過ぎてどんどん薬が強くなっている…と不安になっているママや、薬は使いたくなくて健康食品などたくさんとったり、ヨーグルトを食べさせたり、水を飲ませたり、何をしても週に1度くらいしか出ず、便のたびに痛がってそのたびに辛い気持ちになると悩むママたちからのご相談が多いです。

これらの便の悩みを抱えるママたちのヒアリングをすると、

・偏食で食べるものに偏りがある
・献立に食物繊維が不足している
・噛む力が上手に育ってないことから丸のみしている

など、いくつか共通点があります。

噛む力が上手に育っていないと、食物繊維の多いごぼうやレンコンなどの根菜類や葉物野菜などを上手に噛めず、嫌がって、食事から栄養をとるのが難しくなります。

また、ほとんど噛まずに丸のみするように食べることになるので、食べものが唾液と十分に混ざらないまま胃に運ばれて胃腸に負担がかかり、動きが悪くなります。

まず奥歯でよく噛めるように、食材を大きく切って前歯でかじらせたり、葉物野菜や肉など奥歯ですりつぶす動きができるような献立が効果的です。

腸の中には、善玉菌、悪玉菌、日和見菌と大きく分けて3つの菌たちが存在していて、腸の環境が乱れていると、腸の中には悪玉菌という菌が多くなります。

悪玉菌が増えると、悪玉菌が喜ぶような食事を食べたいと脳に指令を送り、我慢できずに食べてしまうのです。

悪玉菌の喜ぶ食事とは、高脂質の食べものや砂糖の多いおやつなどで、逆に野菜や発酵食品といった栄養のある食べものを好むのは善玉菌といわれます。

腸内環境が乱れた子どもたちが、野菜などよりも砂糖や油の多いパンやおやつを好むのは、子どもの好き嫌いだけでなく自然なことのように感じます。

25　子どもの便秘の原因は豆と海藻不足

2週間から1か月ほど食事に増やすと劇的に子どもたちの便の状態がよくなる食材があります。それは、金時豆とわかめです。

豆類の中では大豆製品の納豆が取り入れやすいと思いますが、納豆を食べる時よりも金時豆を食べた日のほうが便の回数や量が多く、すぐに効果を実感します。

金時豆は、皮が分厚く豆類の中でもトップレベルで食物繊維の量が多い食品です。

調理法もすごく簡単で、乾燥の金時豆を水で洗って鍋に入れ、金時豆がたっぷりかぶるくらいの水を入れ40分~1時間ほど水がなくならないように注意しながら弱火で炊きます。指で押してつぶれるくらいの硬さになったら出来上がりです。

離乳食の場合は味付けしませんが、1歳半くらいからはみりんなどで甘味をつけるとさらに美味しくいただけます。

豆を半分に切るなどしてサイズを調整すれば、離乳食中期頃から食べることもできて、食物繊維だけでなくビタミンやタンパク質も豊富なので、栄養の面でも食べさせたい食材です。

わかめは、できるだけ乾燥わかめやふりかけ、塩蔵わかめではなく、スーパーのお魚コーナーにあるパックに入った新鮮な茹でわかめを使うと栄養価が高くておすすめです。

さっと蒸して一口サイズに切って、おかずやサラダの付け合わせとしても美味しいですし、すりごまや醤油、ごま油などをかけて少し味付けすると、食べやすくなります。

離乳食中期頃から食べることができますが、食べにくい場合は、味噌汁やご飯にまぜると食べやすくなりますよ。

26　赤ちゃんの便秘はママの水分不足かも

便秘というのは、腸の中に悪玉菌が多く、悪さをしている状態です。

赤ちゃんはお腹の中にいる時は無菌状態で守られていますが、ママの産道を通る時にママの体内の菌をしっかりもらって腸のバランスができていきます。

悪玉菌が多かったママの菌をもらうと、産後子どもにも便秘の状態が見られる場合が多いのはこの理由です。

ただ妊娠中は、つわりなどの影響で食べられるものが限られたり、ストレスから便秘になることもありますよね。あまり気負いすぎずストレスを溜めないように無理のない範囲で取り組むことが大事です。

また、母乳育児で育てている場合は、ママが飲む水分の量や食物繊維の量を見直すと赤ちゃんの便秘が改善した例も多いです。

これは私の話なのですが、２人目を出産した後、私自身、自営業のため育休もなく、産後3か月から自宅保育で仕事復帰をしました。

日中赤ちゃんを見ながら仕事も両立する日々をこなしていて、意識はしていましたが、忙しさのあまり自身の食事や水を飲むことを後回しにしていました。

すると生後6か月の時に、毎日出ていた次男の便が3日に1回、4日に1回と日に日に便秘の症状になっていきました。さらに、ぷくぷくしたほっぺに湿疹が広がり、初めは少しだったのがかきむしり、血が出て痛々しいほどになってしまいました。

ミルクは飲ませたことがなく、完母で育てていたため、これは確実に私の食事と水分が足りていないからでした。生徒さんには日々伝えているのに、わが子に同じことをしていたとは…。そのことに気づいた時ははっとさせられました。

便秘とは、毒素を体にためた状態なので、出せなくなった毒素が肌に出ると、湿疹や肌荒れアトピーのような症状として出る場合もあります。

そこからは、食事に海藻や豆と水分を前よりも意識してとったところ、次男の便が毎日出るようになり、お肌も綺麗になりました。

27 アトピー・喘息・中耳炎を繰り返す子は油を変える

油は大きく、オメガ3、オメガ6、オメガ9の3種類に分けられます。オメガ3は青魚やアマニオイル、えごまオイルなど、オメガ6はサラダ油や大豆油などの安価な油、オメガ9はオリーブオイルやこめ油、キャノーラ油などです。オメガ6系の油のとりすぎや安価なプラスチック容器に入ったキャノーラ油などは、体の中で炎症を引き起こす物質を作り出し、免疫力を低下させます。

近年、子どもたちに増えているアトピーや喘息、中耳炎といった症状は、体内に発生した炎症が腸内環境や体を作る細胞を攻撃することで悪化します。パンやベビーフード、市販のお菓子、ふりかけやお惣菜などを食べることが多い人は、オメガ6系の油のとりすぎになってしまうことがあります。

回数を減らしたり、原材料を確認して買うようにしましょう。原材料に「植物油」と記載があるのは、オメガ６系の油で安価な油を使用している場合が多いです。

よくあるプラスチック容器に入った安価な油は「溶剤抽出法」という方法で作られていて、油を抽出する際にヘキサンといわれる化学溶剤を使っています。

原料に含まれる油を簡単に短時間で抽出できるため、低コストで商品を提供できるのですが、精製する際や脱臭時に何度も高温にするため、栄養はなくなり、トランス脂肪酸などの有害物質が作られるというデメリットがあります。

また、トランス脂肪酸は、体内に炎症を起こし、様々な病気やメンタル面での不調、発達障害などにも関係があることがわかっています。

海外ではトランス脂肪酸が多く含まれる食品は厳しく規制されている国もありますが、日本ではまだ表記義務がありません。


油を選ぶ時は、できるだけ「低温圧搾法」という子どもの体にとっても安心な方法で採られた油や、加熱に強いこめ油やオリーブオイルなどを使うのがおすすめです。

第3章

子どものおやつに砂糖はいらない

28 砂糖と小麦粉をやめると情緒が安定する

普段、子どもたちが毎日食べているものと心の状態は関係しています。

子どもたちだけでなく大人だって同じです。体や思考は食べたもので作られ、これが積み重なると、食事で性格だって変わります。

特に情緒の安定に関係しているのが、砂糖と小麦粉です。

砂糖にはいくつか種類があり、精製された白砂糖、三温糖、白砂糖よりも精製度の低いキビ砂糖、黒糖、てんさい糖、ふりかけや甘いヨーグルトや○○の素などに含まれている人工甘味料などがあげられます。

「砂糖を食べるとイライラしやすい」と聞いたことがありませんか？

精製度の高い糖質をとると急激に糖質が体に吸収され血液中の糖が上昇します。すると体が赤信号を感じてインスリンを出し、急激に血糖値を下げようとします。低血糖が続くと今度はアドレナリンというホルモンが放出されますが、出すぎるとイライラが抑えられなくなったり、不安感、集中力の低下などがあらわれるのです。

料理やお菓子作りに使う甘味は、**砂糖ではなく果物や野菜の甘さ、みりんや甘酒など、子どもの味覚や体にとっても優しいものに変えてみましょう。それだけで情緒が安定し、集中力も持続します。**

また、小麦粉はグルテンというタンパク質を含み、水でこねるとネバネバした弾力のある生地になります。この粘り気のある生地は腸内にへばりつきやすく腸の環境を悪化させることがわかっています。

腸内環境は、脳と結びつきが強く、腸が悪化することで身体面でもストレスを感じやすくなるため、イライラや情緒不安になりやすくなります。

粉もののお菓子や料理をする時は、米粉を代用して作るのもいいでしょう。

小麦粉は国産のものよりも海外産の小麦粉にグルテン量が多い傾向にありますので、小麦粉を使う場合は国産のものを選べるといいですね。

29 朝食が整うと好き嫌いのない味覚が育つ

乳幼児期の子どもたちは、生まれながらに感度の高い味覚のセンサーを持っています。このセンサーは元々、その子その子で備わっている好みの部分もありますが、多くは育った食環境の中で後天的に作られていきます。特に偏食や好き嫌いが出ている子どもたちは味覚の幅が広がっていないことも理由のひとつです。

味覚の幅を広げることは、将来、子どもたちが自分の体をよくする本物の食べものの味を見分ける力にもなります。味覚の幅を育てる方法はいくつかありますが、一番効果が早いのが朝食を変えることです。

なぜ朝食？って思いますよね。

実は、朝一に甘いものを食べると、甘いものを強く欲したり、頻繁にお腹がすいて、ちょこちょこ食べの原因になりやすいんです。

朝食は、パン、甘いヨーグルト、果物、おにぎり、コーンフレーク、スムージーなどという方も多いと思います。「朝食の前にまずこれらのものを食べて落ち着いてから食事をします」という方もいますが、朝一の体は、１日の中でも特に食べたものを一気に吸収しやすい時間帯です。

その時間に、甘いものや砂糖の入ったものを食べると、血糖値がアップダウンし、急激に血糖が下がってくると、また1～2時間後に空腹になり、次の食事まで待てなくなります。そうなると、ちょこちょこ食べに繋がり、何より血糖値が急激に下がることで本能的に血糖を手早く上げやすい甘いものを欲することになるのです。

その結果、次の食事の時間になると、お米やパン、麺類やお芋などの糖質から先に食べてすぐにお腹いっぱいになるというループに。

ですから、まず朝ご飯は血糖値をゆるやかに上げるものにしましょう。

味噌汁や野菜類または海藻⇩卵や納豆、魚、肉などのタンパク質⇩ご飯

このように食べる順番まで意識できるといいのですが、難しい場合は、糖質単体のメニューにならないようにするだけでも効果があります。

30　空腹のすすめ

子どもとの食事の時間にこんなお悩みありませんか？

・好き嫌いでほとんど食べない
・食事に興味がない
・自分では食べずにママが最初から最後まで口に運んで食べさせている
・おもちゃやスマホなどで気を引かないと口を開けないし、食べてくれない
・食事の時間になってもなかなか席につかず、親が無理やり座らせている
・食事をだらだら食べて1食に1時間以上かかる
・遊び食べが多く、食事にあまり集中しない

私自身も2児の子どもを育てながらたくさんの子どもたちと面談していますが、こ

れらの問題が起きる理由は、「子どもたちのお腹が空いていないこと」です。

大人の当たり前だと、食事の時間になったらお腹が空くものだと思います。ですが、大人も1日中家でのんびり過ごしている日とスポーツしていた日では空腹状態が変わりますよね。これと同じで特に赤ちゃんだとわかりやすいのですが、ハイハイして動き回る子と座っていることが多い子では、食事量や食事との向き合い方がまるで違ったりします。


例えば、保育園や幼稚園でおやつに糖質の多いお菓子などを食べると、家に帰ってすぐにおやつを欲しがるようになります。その時間にさらに糖質の多いお菓子などをつまむと、大人から見れば少しの量でも子どもたちはすでに満足して、食事を与えても、「好きなものだけでご馳走さま」というようになってしまうのです。

野菜嫌いな子どもたちには、めいっぱいお腹を空かせてあげて、野菜を美味しく食べられるような準備が必要です。

たったそれだけ？　と思うかもしれませんが、食べ方が全く変わるのでぜひ試してみてください。

31 止まらないおやつはタンパク質不足のサイン

・子どもが甘いものを異常に食べたがるのでお菓子をつい買い与えてしまう。
・食事を食べずに、果物やパン、おにぎりなどを食べたがる。
・好き嫌いが多く、混ぜご飯やチャーハンなどを好んで食べる。
・産後、無性に甘いものが欲しくてお菓子をやめられない。

これらの症状は、「好き嫌いが多い性格だから」とか「意志が弱いから」と感じるかもしれませんが、そうではありません。これらはタンパク質が不足することで起きているのかもしれません。果物やパン、ご飯などの**炭水化物やお菓子などの甘いものを人が強く欲する時は、栄養が足りていないことが多い**のです。脳や体を動かすためにも効率よくエネルギーになりやすい糖質を欲する傾向にあります。

特に、乳幼児期は３歳までに大人の脳の約80％完成します。一生の中でもこれほど急成長する時期はないので、賢い脳を作るうえでも良質な栄養をかなり必要とします。偏食や食べむらなどで栄養が不足すると、手っ取り早く栄養になる甘いものなどの糖質を好みやすくなり、それが偏食に繋がるケースも多いのです。

また、ママたちは出産でたくさんの出血があります。産後は体にダメージを負いますし、回復するまもなく母乳育児も始まります。

体を修復したり、血液の原料、母乳の材料になるのもタンパク質です。産後は毎食ボリューミーなタンパク質を食べておくと、甘いもの依存が緩和されます。

実際に私も第一子の産後は、あまりの大変さに自分の食事が適当になり、朝抜きで昼すぎに納豆ご飯で済ます日々を続けたところ、甘いものを夜中も食べないと気が済まなくなり、次第に母乳の出も悪くなりました。

そこから毎食、タンパク質を強化して、ストック買いのお菓子も手放したところ、途中からは完母で育てることができるまで母乳量も回復しました。何よりタンパク質をとったことで、夕方の疲れがほとんど気にならなくなりましたよ。

32　1歳児に甘いおやつは必要ない

保育園の子どもたちに、「よく食べる大好きなおやつは？」と聞くと、プリンやケーキ、アイス、お菓子とたくさんのおやつの名前が出てきます。

たしかに、子どものおやつと言えば甘いものが思い浮かびます。また「おばあちゃんやおじいちゃんたちが、孫可愛いさに喜ぶおやつをたくさん買い与えてしまい、有難いのですが正直困っています」というママたちからのご相談も多いです。

砂糖の甘味は一度味を覚えると、脳の性質上「もっと食べたい！」と制御がきかなくなります。どうしても食べさせたい場合は、理解ができてくる3歳以降がおすすめです。

3歳くらいまでの子どもたちは特に本能的で満腹感のセンサーができている最中なので、砂糖や化学的な調味料などを食べると脳に強い刺激（幸福ホルモン）が湧き、満腹を超えても自分では制御できずにたくさん欲しがるようになります。

一度その食べもので脳に強い刺激が出ることを学ぶと、その食べものを見るたび与えないと泣き叫んで大変…なんてことにも。泣くたびに甘いものを要求してくるので、そのたびにちょこちょこ与えてしまうと、食事が入らず、気づけば偏食に移行していたというパターンも多いです。


特に2歳頃までの子どもたちは味覚の基盤ができる時期です。砂糖の甘味よりも野菜の甘味を教えてあげれば、将来、自分の体をよくする食べものなのかそうでないものなのかを選べるようになります。

教室のレシピは子どもの料理やおやつに砂糖は使いません。

その代わりにみりんや果物で甘味をつけて作りますが、子どもたちは自然の野菜や果物の甘味のおやつの美味しさに大喜びで食べています。

一緒に食べるママたちも、砂糖を使わなくても満足感のあるおやつが簡単にできることに、食べた瞬間感動されることが多いです。

33 旨味調味料のとりすぎはなぜ悪い？

旨味調味料とは、簡単パックだしや市販のめんつゆ、卓上の味付きの塩、○○の素などのことで、化学調味料ともいわれます。

外食で口にするものや、市販のお菓子、レトルト食品、お惣菜など、あらゆる食品に含まれており、いまや私たちの食生活において避けて通れないものになっています。旨味を濃縮した味に仕上げてあり、一口食べるとすぐに美味しいと感じられて依存性が高いのが特徴です。

原材料の表記としては、調味料（アミノ酸）、たん白加水分解物、グルタミン酸ナトリウム、酵母エキスなどと記載されていることが多いです。

このような人の手が加わり旨味を濃縮したものと、天然のかつお節やいりこなどか

ら家庭でとるだし汁の旨味とでは、同じ旨味でも味の濃さが全然違います。

私たちは旨味調味料に慣れてしまうと、天然のだしの旨味では物足りなくなります。化学調味料などの強い旨味でないと満足しにくくなるのです。

化学調味料のグルタミン酸ナトリウムやアミノ酸は、**とりすぎると体に様々なダメージや行動障害、メンタルの不調をもたらす**ことが指摘されています。特に子どもたちへの影響は計り知れません。

化学調味料を使ったものはできるかぎり避け、天然のだしの旨味がわかる舌を育ててあげることで、天然のだしが美味しいと感じられる味覚をセットすることができます。

天然のだしを使ったママの手作り料理は、子どもの一生涯の健康を守るお守りになってくれますよ。

34　砂糖と旨味調味料を減らせばおやつも止まる

私のところへ相談に来る方の子どもたちを見ていると、週に2～3回以上、砂糖の入ったお菓子や旨味調味料の多いものを食べているようです。その結果、

・おやつを制限すると泣き叫んで耐えられない
・おやつの食べすぎで食事を食べない
・白米などはふりかけなどで味付けしないと食べられない
・野菜の味を引き立たせた薄い味の料理などが嫌い
・便秘や軟便
・偏食がある

などで悩まれていることが多いです。

では、上手に砂糖や旨味調味料を減らすには、どうしたらいいでしょうか？

①お菓子を見せる回数を減らす

スーパーなどで買いだめしたおやつを自宅に置いておくと、子どもが勝手に食べてしまっていませんか？

その場合は、お菓子を子どもの手では取れない見えない場所に隠しましょう。

テレビＣＭやＹｏｕＴｕｂｅ広告などで流れる情報は、基本的に食べたい欲求を湧かせるようにできています。わが家でテレビを見る時は、広告を見せない工夫をしたり、なるべく目に触れないようにしています。

２歳くらいになり言葉の意味もわかってきたら、おやつは食事を食べられたら食べるなど、ルールを決めるのもおすすめですよ。

②間食の時間を増やす

理想は食事3回ならおやつを1～2回、午前と午後にという流れですが、すでにおやつがやめられない子どもたちは、ちょこちょこ隙間時間におやつを食べていることがあります。

買い物の途中や保育園の登下校など、少しの空腹で食べることが定着した子は、ただおやつを取り上げるだけだと、なかなかうまくいきません。

その場合は、いつもつまみ食いしている時間に食べるおやつを癖になりにくいものに変えていきます。例えば、むき栗や干し芋、ゆで卵、3歳以上でしたらくるみなどのナッツ、昆布やあたりめなどに徐々にシフトします。

③店でおやつを買う時は原材料が少ないものを選ぶ

おやつやパンなどを買う時に裏側を見ると、何が入っているのか原材料が書いてあります。最初に記載されているものが一番多いので、砂糖が最初にのっているものや旨味を濃縮した成分が書いているものはできるだけ買わないようにしたり、店でおやつを買う回数を週に1回程度に減らしていきます。

④料理に使う調味料に添加物の入っていないものを使う

おやつの回数を減らせるようになったら、家の食事からも旨味調味料や砂糖の多いものを減らしていきます。

料理に使うみりんや酒にも糖類や添加物が含まれているものがあります。また、砂糖の代わりに使われる人工甘味料（サッカリンナトリウムなど）は、砂糖の数百倍の甘さで、中毒性が高く、発がん性などが疑われています。ブドウ糖果糖液糖などの異性化糖はトウモロコシやじゃがいもなどのでんぷんから作られます。調味料やスポーツ飲料、ゼリーなどに含まれ、原料は天然のものですが、ほとんどが遺伝子組換え作物から作られているといわれています。

子どもたちの食べる食事に使う調味料は、できるだけ伝統製法で作られたシンプルな原材料のものを選んで使いましょう。

早ければ１か月ほどで効果が見られます。月齢が高くなるにつれて時間がかかる場合もありますが、３か月ほど続けると、かなりの効果を感じることができますよ。

35　みりんと甘酒があれば砂糖はいらない

検診などで紹介されている乳幼児用のレシピや偏食の子ども向けの食べる意欲を出すレシピには、ほとんどの場合たくさんの砂糖が入っています。

その理由は、とにかく強い甘味の砂糖を入れ、脳や舌に強烈に味を感じさせることで手っ取り早く子どもが食べやすくなるからです。

幼児期の子どもたちの１日の砂糖の目安量は３ｇ程度とされています。

ただ、ほとんどの子ども用のおやつやおかずレシピでも３ｇだと1品ほどであっという間にとってしまいます。

子どもたちの体は、大人よりも未熟なため、砂糖を消化吸収するのにも負担がかかりますので、**手作りおやつや料理には、できるだけみりんや甘酒などの優しい甘味料がおすすめ**です。

子どもたちだけでなく、大人の食事やおやつも甘味はみりんがあれば十分に美味しくできます。

また、子どもたちに食べさせてあげたい「みりん」と「みりん風調味料」とは別物です。みりんは、「本みりん」といわれる伝統的製法で作られているものを選び、原材料は「もち米、米こうじ、焼酎」などのシンプルなものを選びましょう。本みりんで作る料理は、料理の味わいや深みがあり、食材の美味しさを引き出してくれるのが特徴です。

本物の調味料で作った料理で、味のわかる子に育てたいですね！

36 お口も脳も賢く育てる子どものおやつレシピ

子どもたちのおやつには2つの意味があって、それは不足している栄養をとることと、心の栄養をとることです。

私は保育園で献立作成を7年ほどしていました。そこで感じたことは、3食しっかり食べられている子どもたちでも、食事だけでは不足しやすいとりにくい栄養があるということです。

それが以下のような栄養です。

・ミネラル類⇩鉄、カルシウム、マグネシウム、亜鉛

・ビタミン類⇩ビタミンCやビタミンB群

ミネラル類は、干しエビ、貝類、のり、ナッツ類、ごま、自然塩、味噌などに多く入っています。

ビタミン類は、旬の野菜や果物、芋類、肉、卵、青魚、にんにく、ナッツ類、ごま、玄米などに多いです。

これらの食べものを3回の食事以外のおやつの時間に満遍なく食べられると、栄養バランスが整いやすく、子どもたちの脳や体の発達面にも効果的です。

また、普段の食事がバランスよく食べられていなければ、野菜や豆腐や味噌汁などをおやつとして出すこともあります。

もう一つのポイントは、お口育てになるおやつにすること！

わが子たちや教室の子どもたちは、食事以外にもおやつの時間で噛む力の育つメニューを食べています。

噛む力は筋トレのようなものなので、１日の中でも回数が多いほど上達しやすくなります。

紹介しているレシピを参考に、お口育てになるおやつを作ってみてくださいね。

口育食レシピ❷―カルシウム鉄強化メニュー①

干しエビとごまのせんべいおにぎり

材料（1 歳半以降の幼児 1 人分）

・干しエビ 大さじ 1

・いりごま 大さじ 1/4

・ご飯 60 g

・のり 1 枚

作り方

① ご飯に干しエビといりごまを混ぜる。

② ラップにのりを置き、①を薄く片面に敷いてのりではさむ。

Point

※奥歯が生えた頃からが食べやすいメニューです。

※噛む力を育てるため、わざと噛み切りにくいおにぎりになっています。

※一口ずつよく噛んで食べられるように注意して見守ってあげてください。

口育食レシピ❸ーカルシウム鉄強化メニュー②

揚げない フライドポテト ～青のり塩～

材料（作りやすい分量）

・じゃがいも 2 個

A
- ・青のり 少々
- ・天然塩 少々
- ・こめ油 小さじ 2

作り方

① じゃがいもは皮をよく洗い、皮付きのままくし形切にする。

② 天板にじゃがいもを並べ、180℃に予熱したオーブンで 15 ～ 20 分焦げ目が付くまで焼く。

③ ビニール袋に A を入れてじゃがいもを入れて混ぜ、盛り付ける。

Point

※塩・油は 2 歳以降がおすすめです。

※オーブンがない方は、トースターで時間を短くして焼くか、フライパンでも可能です。

37 お菓子やふりかけに含まれる魚の油は酸化している

賢い脳に育てる油と聞くと、青魚に多く含まれる油のＤＨＡやＥＰＡを思い浮かべる方も多いのではないでしょうか。

魚の油はたしかに賢い脳を育てるのには効果的な栄養素の一つです。

ただ、ＤＨＡやＥＰＡといった脳にいい油は加熱などの熱に弱いという弱点があります。

また、空気にふれるとすぐに酸化して、一度酸化した油は元には戻らず、逆に脳や体にダメージを与えるようになります。

子ども向けのおやつやふりかけなどにＤＨＡを添加した商品も多く見かけますが、これらの食品に添加されたものは、たいていの場合、高温で加熱されたり、長期間空

気に触れている場合が多いです。

そうすると、食べる頃には酸化してしまっているということもあるのです。

子どもたちの育脳のためにDHAやEPAをとりたい場合は、**青魚のまま料理して食べる**のが効果的です。

青魚を料理する時は、魚焼きグリルなどで焼くと、せっかくの魚のいい油が落ちてしまい、もったいないです。

オーブンで焼いたり、蒸したりという調理法なら油を落とさないですみますし、魚がパサつきにくいです。

また、魚嫌いの子どもたちには、味噌煮やホイル焼き、蒸し焼きなどで魚をしっとり焼き上げる調理法を試してみてください。

子どもたちもいつもよりよく食べてくれますよ。

38 食べすぎる子に悩むママも多い！

離乳食の時期から食べることが大好きで、基準量はあっという間にたいらげてしまう。わが子の食欲がいつまで続くのか心配…。そんな声も多くいただきます。

偏食で食べないママからすると贅沢な悩み…だと思われるかもしれませんが、食べすぎるママからすると、それはそれで心配になりますよね。

よく食べる子は、大人がストップするまで底なしに食べたり、食事を片付けると泣き叫んだりするので、どこまで食べさせたらいいのか迷ってしまいます。

実は、わが家の長男も1歳の時あまりにもたくさんの野菜を食べるので、大丈夫なのか心配になったことがありました。

1歳になりたての食事で、人参2分の1本、じゃがいも1個、小松菜1束、ブロッコリー3房、ご飯1杯、手羽元1本、金時豆の煮物小皿1杯、すまし汁、さらにおかわり！といった状況……。よくある離乳食の本にのっている1歳児の野菜の基準よりもかなりオーバーしていたので悩んだのを覚えています。

息子は体重も標準で、1歳頃、まだ母乳を1日数回飲んでいながら、3回の食事とおやつも野菜やおにぎりなどを食べていました。

たしかに、**つかみ食べで育てた子は比較的よく食べる**のです。でも初めての子育てだったこともあり、試行錯誤したことを覚えています。

今ならこの理由がすぐにわかります。この時の長男は野菜が柔らかすぎて、あまり噛めてなかったんですね。そこから野菜の煮る時間を短くしたり、さっと蒸す料理に変えたところ、食欲が落ち着いていきました。

よく食べる子たちは、元気いっぱいでエネルギーに満ち溢れていて、自分で食べ、食べる時間に集中します。食への意欲があることって本当に素晴らしいと思います。

ただ、子どもは2歳頃になると満腹感を獲得します。この時期に、たくさん食べないと満足しない体になると、将来肥満のリスクにも繋がります。**体重や丸のみなど気になることがあったら、早めに食べ方や料理を見直して**みてくださいね。

39　噛み足りなくて食べすぎる子には食材を大きく切る

食べすぎる子どもたちの多くの場合、よく噛まないことによっての早食いで、満腹を感じにくくなっています。

この場合は、子どもがよく噛めないからそうなっているのではなく、食べている料理が**噛む必要がなくても食べられるものになっている場合が多い**です。

例えば、肉じゃがやカレーライスなどを出す時に、1歳半をすぎても野菜を1㎝サイズなどで子どもが一口で食べられる大きさにしていませんか？

煮物などをコトコト1時間近く煮込んだり、圧力鍋などで調理して、野菜がホロホロになっていたりはしませんか？

料理をフリージングして野菜がクタクタのまま食卓に並ぶことはありませんか？

このように野菜を柔らかくすると、子どもたちは噛まなくても舌の上でつぶせば食べられるので、あまり噛まずに飲み込みます。

カレーや肉じゃがなどでしたら、野菜を５㎝サイズくらいに切って、子どもが一口では食べられないサイズにしたり、野菜をさっと煮込み、少し歯ごたえを残して、野菜の硬さや大きさを少し変えるだけでも食欲が落ち着いていきます。

食べすぎる子たちは、その子どもの本来食べられる大きさや硬さよりも野菜や食べもののサイズが小さすぎたり、柔らかすぎたりして、噛み足りなくて食べていることが多いです。

たくさん食べることは素敵なことですが、噛み足りなくてその欲求を解消するために食べているとしたら、楽しく心が満たされる食べ方を教えるのも必要です。

噛み足りない子には、食事の硬さを一つ上の月齢の食事にステップアップして、噛む力をつけてあげられるメニューに切り替えてみてください。満足感が出て食べすぎることが少なくなりますよ。

第4章

味覚育てで自分から進んで食べる子に

40　いきなり食べなくなる子のSOS

「うちの子はよく食べるほうだと思っていたのに、1歳をすぎた頃から好き嫌いがひどくなってきた！」というご相談も多いです。

特に離乳食から幼児食に切り替わるタイミングや風邪などで数週間体調を崩した後など、今までは順調に進んでいたのに、いきなり食べなくなったり、食べむらがひどくなると心配になってしまいますよね。

こういった「今まで順調に食べていたのにいきなり食べなくなった」子どもたちの理由として多いのは、**「ステップアップのタイミング」まで来た**ということ。

今まで食べていたものでは物足りなくなり、もっと咀嚼力を鍛えられるようなよく噛んで食べるものに移行していきたいタイミングが来ると、今まで食べていた柔らかい野菜などを嫌がることがあります。

逆に1歳半頃までベビーフードだった子が幼児食に移行するタイミングで食べる量が減るのは、手作りの食事の風味や噛むことに慣れていないためです。

ベビーフードは、基本的に舌でつぶせるような硬さで柔らかく高温加熱して一斉に作られているため、単調な食感になりやすく、野菜の本来の風味や硬さなどを感じにくいデメリットがあります。

手作りの食事では、毎日同じ硬さに均等に作れるわけではないので、その日によって硬かったり、柔らかかったりしますよね。

その日によって味や食感が変わる手料理は、まだ食べ慣れていない子からすると安心できないのかもしれません。

子どもは安心感のあるものが好きですよね。安心感とは、いつもと同じこと。

ベビーフードなら食べていたのに幼児食は食べないという子には、いつもの食事に手料理も少し加えて、徐々に手料理を増やして幼児食に移行していくとスムーズにいきます。

41　10か月の壁！急に食事を嫌がるようになったのはなぜ？

10か月頃になると赤ちゃんは、動きも増えて食欲がさらに増してくる子も多いのではないでしょうか？

この頃になると、自分で食事をわしづかみにして盛大に散らかしながら食べる教室の子どもたちの姿も見られるようになり、毎回子どもたちの持つ食への意欲に驚かされています。

初期の頃と比べると野菜の大きさが大きくなり、硬さも出てきて、食べるメニューもどんどん増えている頃だと思いますが、離乳食中期から後期に移行するタイミングで食べなくなって悩むママからの相談も多いです。

この時期に多いのが、

・初期、中期はスプーンであげるとパクパク食べていたのに、最近スプーンであげようとすると、のけぞって嫌がる
・食事の時間椅子に座らせて集中させようとすると、泣いて食事にならない
などの声。

食事を上手に飲み込めているのに、野菜のサイズを今までと同じような柔らかさで出したり、とろみをつけたりみじん切りや小さめに切るなどの調理法にしていないでしょうか？

この理由の多くも「ステップアップのタイミング」です。
＊食べさせられるより自分で食べたい
＊今までの柔らかい食事はあきた！
＊いろいろな食感のものを食べたい！
など、子どもたちの自己主張が出てきた証拠です。

食材を歯茎でつぶせるくらいに茹で時間を短くして、フリージングから取り分け料理にシフトしたり、野菜のサイズを大きめにしてあげてみるなどでうまくいきます。

42 離乳食、幼児食の進みが悪い！味付けを変えれば解決する？

食の進みが悪い場合、相談窓口に行くと「味付けを濃くする」などのアドバイスをもらうこともあるようです。

たしかに、味を濃くすればその場は食べるかもしれませんが、その方法で食べさせるのは対症療法のようなもの。その味に飽きると食べなくなったり、別の味付けだと嫌がったり、本当の意味で食べられるようになったわけではないので、原因を解決してあげるほうが、子どもたちにとって心豊かな食習慣に繋がります。

前述したように、この場合はステップアップのサインなので、まずは食材のサイズや硬さを見直します。そのうえで**2歳頃からは、味の体験を広げられるように調味料を使う**と、味覚育ての邪魔にならず、食の悩みもほとんどなく進められます。

基本的には、１歳半〜２歳頃までは味付けはなくても大丈夫です。必要であれば使ってもいいとは思いますが、その頃までにできるだけ素材の味を経験させることに意味があるからです。

教室で取り組んでいる子どもの味覚育ては、好きなものの味の幅を広げ、好きなもの、食べたいものがたくさんある子を育てるために行っています。

逆に好きなものの幅が狭くなると、味の濃いものや砂糖の多いもの、刺激の強いものを好み、加工食品を求める舌に成長します。

スポーツ選手や世の中でも成功者といわれる方の多くは、良質な食事で質のいい栄養をとったり、運動したり、体を健康にしておくために投資をしています。

味覚育ては、食べる、食べないといった目先のメリットだけでなく、子どもが未来、夢を持って活躍していく時に、最高のパフォーマンスができる状態に自分の体を自分で健康に保てるような人に育てる一番効果的な投資です。

そしてこの味覚育ての基盤は、２〜３歳頃までで完成します。３歳頃までは、なるべく調味料の味を控えめにして素材の味を感じられる体験をさせてあげましょう。

43 濃い味が子どもの小食の原因かも

・子どもが食に興味がない
・食事の時間なのにあまりお腹が空いていない
・小食で体重も身長も成長曲線ギリギリで心配
・偏食なので味を濃くしてなんとか食べさせている
・食べる量が少ないからか、体が弱く、風邪が重症化しやすい
そんな小食の子たちの原因は、「濃い味付け」かもしれません。

幼児期の塩分量は1日に3g未満とされています。そうすると1食あたり1g程度になりますよね。

子どもたちの体はまだ未熟なため、**塩分を多くとると消化に負担がかかります**。と

はいえ、保育園での献立を立てていても1食を1g程度で作ろうとするってとっても難しいです。うどんやカレー、パスタなど、塩分の多い調味料を使用するものはほぼ出せません。

塩分を下げる工夫としては、魚は焼き目を付けて風味を出したり、野菜はさっと蒸して甘味を増してすりごまなどで和えたり、だし汁をきかせて味噌を薄めにしたり、いろいろな試行錯誤をしても1gは少しオーバーしているくらい。

そのくらい子どもたちの体に負担のない食事って本来はすごく薄味なのです。

小食に悩む子どもたちのメニューを見せてもらうと、濃いめの味付けのレシピが多い傾向にあります。味の濃いメニューだと食べられる量が限られるのでは？と心配になったりします。

その証拠に、体重が小さめで悩んでいたお子さんに食事改善をして、調味料を減らしても美味しくできる調理法を提案したところ、3か月ほどで今までにないほど体重が伸びて、数か月でお顔もまん丸になっていきました。

幼児期の子どもたちの食事は**大人が食べると薄いなと感じる程度にして、物足りなければ風味のある食材と組み合わせて**あげましょう。

44 子どもは味より食感を変えるとよく食べる

美味しいなと感じる料理の献立を思い浮かべてみてください。

味ももちろん大事ですが、美味しい日本料理は、いろいろな食感を楽しめるものが多いと思いませんか?

ふわふわのだし巻き卵、サクサクの野菜の天ぷら、モチモチ食感の山芋とろろ、ほくほくのお芋の煮物、つるんとした食感の寒天寄せなど。

いろいろな食感の料理があると、食事にメリハリがつき、食欲もアップし、満足感が得られやすくなります。

逆に、野菜や肉など細かく切ってまぜこぜにしたおじや、おやきや卵料理などでその他食材を一つにまとめたメニューや、丼ものなどの料理は、いろいろな食感を感じ

にくくなります。

子どもたちの食欲をアップさせる料理にするには、**野菜や肉、ご飯などはまぜないで出す**ようにしましょう。

また、おやきなどを作る時は別に野菜を付ける、親子丼などのメニューならご飯とおかずは別に盛るなどの工夫をします。

なるべくよく噛めるようなメニューにすることで、食欲もわきやすくなりますので、ぜひやってみてくださいね。

45 お米を食べない子、お米ばかり食べる子の対処法

野菜好きな子やおかず好きな子に多いのが、お米をそっちのけで野菜やおかずばかり食べてしまうというもの。

うちの長男も1歳頃、野菜や豆腐などが好きで、たくさん食べすぎてお米を食べてくれない…なんて時期がありました。

野菜や豆腐などのおかずは、素材の味がしっかりあるのに対して、お米はどちらかと言えば淡泊な味なので、ふりかけをかけないと食べない、おかずと混ぜないと食べないというような子も多いんです。市販のふりかけにはほとんど、旨味調味料や砂糖、塩が追加されています。これらの濃い味は、他の野菜などの味を美味しいと感じる味覚のセンサーを鈍らせてしまいます。お米を食べない子にはふりかけの代わりに青のりやごま、きなこやしらすなどをかけると喜んで食べてくれます。

またもう一つ、実際に息子だけでなく、離乳食期の教室の生徒さんにも効果のあった方法は、おやつで炭水化物をとりすぎないことです。

離乳食の時期は、ほとんどの場合、母乳やミルクも飲んでいますよね。

そこにプラスして人参や南瓜、お芋、果物、お焼きなど、糖質類を多く含む食事をとり、さらにおやつにベビーせんべいなど食べていたら、どうしても糖質過多の状態になってしまいます。

そうすると、食事の時に糖質以外の野菜やタンパク質のおかずなどを欲する傾向になりやすいのです。

おやつで糖質をとることを控え、さらに活動量を増やしていけば、食事の時にはお腹が空いている状態になります。

活動量を増やすポイントは、まず外遊びを多くすること。ハイハイ前の時期のお子さんでしたら、手足を動かす遊びを取り入れたりしながら、体を動かしてお腹を空かせるように促すことも効果的でした。

逆に、お米ばかり食べる子も多いです。

お米好きなのはいいことですが、お米だけで満腹になり、野菜やおかずなどをほとんど食べないと、発達面でも心配です。

お米ばかり食べている子に多いのが、子ども用に仕切りのあるプレートの一番大きなスペースにおかずではなく、お米を盛っていたり、野菜や肉をお米に混ぜてしまっていたり、食事は丼ものやチャーハン、オムライスなど、普段から炭水化物メインの食事が多い場合です。これらの食事は、噛まずにかきこんで食べる習慣が付きやすく、また丼ものなど、食べやすいものを好む傾向があります。

お米が多くなりがちな子には、お米を出す順番を食事の最後にするなど、お米だけで満腹にならないようにする工夫が必要です。

46 イヤイヤ期×偏食 癇癪を起こす時はどう対応する？

離乳食の時期から味覚育てができていると、イヤイヤ期でも、これしか食べない！なんてことにはなりにくいです。

でも、イヤイヤ期頃から偏食が特に気になるようになったという子もいますよね。食事の時間、食べないことに、ついきつく言ってしまい、食卓が家族にとって苦痛になっているというママもいるのではないでしょうか。

わが子たちを見ていると、果物などを食べすぎた時や、旅行などで外食し、うどんやパンなど糖質の多い食事をすると、いつもに増して癇癪が強めに出るように感じます。

また、普段は砂糖を使うことはないのですが、外での食事で避けるのはかなり難しくなります。

そんな時は、なるべく砂糖や果物をとりすぎないようにして、空腹の状態でパンや麺、白米などを食べることを減らすと落ち着きやすくなります。

2歳頃から理解できる言葉が増えてきたら、お家のルールを決めるのもおすすめです。

「おかわりは全部食べてから」「果物やおやつは食事の後に」など、食事をおやつや果物が混合しないようにルール決めをしておくと、3歳、4歳になった時かなり楽になります。

食べるルールを伝えるのが難しい時は、絵本もおすすめです。

「はらぺこあおむし」の絵本はご存じですよね。

あおむしが甘いおやつや果物をたくさん食べてお腹が痛くなり、葉っぱを食べたら元気になったという物語です。

この物語から子どもたちは、お菓子ばかり食べるとよくないことを学びましたし、

風邪を引いたり、お腹が痛い時は小松菜やほうれん草などの葉物を食べるといいんだなということも知りました。

イヤイヤ期に、ルールを伝えていくのは大変です。ママの心がめげそうになる時もあるかもしれません。その気持ちもすごくわかります。

ですが、もう少し成長して理解できる年齢になった時にルールを変えるほうがずっと労力がいるし、もっと早く取り組んでおけばよかった…と後悔している先輩ママも多いです。

時に息抜きをしながら、無理のない範囲で大丈夫。ママが大事にしたい考え方を貫いてくださいね。

47 ご褒美作戦は月齢とともに内容を変える

子育てにおいて、ご褒美シールやご褒美のために何かを頑張らせることには賛否両論ありますが、食事を食べられた後に、ほめる声掛けや果物などのおやつ、絵本やお遊びなど、その子が好きなことを準備しておくと、食事の時間がスムーズになります。

保育園などでも、食事の後には果物があったり、魔法の声掛けをしていたり、子どもたちの食べる意欲をアップさせるような工夫がたくさんされていますよね。

子どもたちにとって、好きでない食べものを残して好きなものだけ食べることって、何も知識がなければ自然なことだと思うんです。

大人は、知識があるので、一つのものばかり食べる偏った食べ方が体によくないことがわかりますが、特に1、2歳の子どもたちでは、そのことを理解するまでにはもう

少し時間がかかると思います。

そんな時は、

「野菜いっぱい食べられたね！」

「初めてのものも一口食べられたね」

など、**食べられたら大好きなママが優しい声掛けをしてくれることが、食べる喜びにつながったりします。**

また、好きなものをおかわりできたり、デザートに果物が１切れ待っていたり、食べたら絵本や好きな遊びができたりなど、食べ終わった後のお楽しみがあると、それに向かって意欲的に食べられるようになります。

48 「食べると強くなれる、可愛くなれる」でモチベーションアップ

もう少し成長して3歳くらいになってくると、食べたものが体を作ることや筋肉になること、お腹を元気にすることなどが理解できるようになってきます。

そうしたら、徐々にご褒美という考え方から、
「これを食べると、○○くん／ちゃんの体がもっと元気になるよ」
というように伝えていきます。

わが家の4歳の長男は、早く走れることや力持ちになりたいようなので、（笑）
「この野菜食べたら、筋肉がつくよ！」
「カッコよくなるよ」

「足が強くなるよ」

「風邪ひいてもすぐ元気になるよ」

などと話すと、食べながら
「筋肉強くなった？」

と盛り上がっています。

女の子なら、

「可愛くなるよ」

「プリンセスみたいに綺麗になれる」

などの言葉が効果絶大！


食べることで子どもにとってどんなメリットがあるのかを伝えるのがポイントです。

注意点としては、

◎　食べることで幸せな未来に繋がるような声掛け

×　食べないとデザートなし、頑張って食べなさいという強めの声掛け

ほかにも、食べないことで嫌な未来に繋がるよ、という不安をあおるような声掛けや、食事は頑張って食べるのを前提とする声掛けなどは、食事を強要することに繋がり、食事時間が苦痛になって、食べなくなる場合があります。

「食べても食べなくてもどっちでもいいけど、食べるといいことがいっぱいあるんだよ」というスタンスで、気負いすぎないようにしましょう。

子どもたちにとって食べることが幸せな時間と感じられるようになれば、食事の時間がもっと楽しくなり、だらだら食べも減っていきますよ。

47　お口ぽかんは食べ方で改善する

日本の子どもたちの約30・7％がお口ぽかんになっているといわれています。

お口ぽかんとは、「口唇閉鎖不全症」ともいわれ、口の筋力や噛む力が弱っていることから唇を閉じる力が弱まり、口が開いた状態です。

近年は、口唇閉鎖不全症の予防に０歳から歯の検診を推進する歯医者さんも多いですが、０歳からの食事や食べ方が、子どもをお口ぽかんにさせないためにとても重要になります。

生まれつき舌に異常がある場合もありますが、近年のやわらかい離乳食や子どもの口の育ちに合っていない食べ方、生まれた後の母乳やミルクの与え方などから、咀嚼力が育っていないことも一因です。

口唇閉鎖不全症の状態を放置することは、様々な弊害をもたらし、学習障害、低身長や肥満などの発育障害、運動能力の低下、免疫力の低下、歯並びが悪くなる、唇が突出し顎が後退するなど、顔の形にも影響することがあります。

お口ぽかんの状態では、噛む力が弱いため、ほとんどの子が偏食も並行しています。この場合は、**まず舌でつぶして食べるような食事をメニューから減らしていく**ようにします。

例えば、丼もの、カレー、混ぜご飯、おじや、うどん、パン、ミンチ系の料理（ハンバーグ、ミートボールなど）。

その代わりに、**前歯でかじり取り、奥歯（奥の歯茎）で噛みつぶして食べられる食材を食材を増やしていきます。**

カレーなら野菜を大きく一口で食べられないサイズに切る、高野豆腐の煮物や切り干し大根などの乾物を取り入れる、葉物やもやしなどの奥歯ですりつぶして食べる必要のある食材を頻繁に出すなどが効果的です。

離乳食にはミンチ肉を使うレシピも多いと思いますが、ミンチ肉は口の中ですぐに砕けてしまうので、奥歯（奥の歯茎）で噛まずに舌でつぶして食べてしまうことが多

いのです。肉を使ったメニューなら、手羽元や豚肉の生姜焼き用の肉など噛みにくいものやかじり取って食べる形で出す料理がおすすめです。

手羽元のオーブン焼きのレシピを161ページに記載しているので、参考にしてみてくださいね。

これらの奥歯（奥の歯茎）で噛む食事や前歯でかじり取って食べる食材を増やしながら徐々に噛む練習を増やしていき、お口を育ててあげましょう。

子どものお口ぽかんは、放っておいては自然の改善が難しいといわれています。

５歳半頃にはお口の土台ができ上がるので、それまでにお口を育ててあげることで歯並びにも影響しにくくなりますよ。

お口ぽかんになりやすい子の特徴 12 項目

① 唇にしまりがなく開いていることが多い

② 口を開けて眠る

③ 唇がよく乾燥している

④ 口の中にいつまでも食べものが入っている

⑤ 野菜や肉など噛みにくいものは食べない

⑥ くちゃくちゃ音を立てて食べる

⑦ 噛んでいる時に口の中が見える

⑧ 食事を噛まずに吸って飲み込めずに吐き出す

⑨ 噛まずに丸のみする

⑩ 食事は刻まないと食べられない

⑪ 噛み合わせが悪い

⑫ 口呼吸をしている

※ 0歳頃で判断するのが難しい項目もあるので、
歯が生えそろった頃だとわかりやすい。

第５章

偏食っ子の９割が改善！
口育食の実践レシピ

50　野菜を自分から食べるようになる方法

私は今までに1000名以上の赤ちゃんから小学生までの子どもを持つママたちと食事相談を行ってきました。

そこで感じたことは、数回出して食べないもの＝子どもが嫌いなものなんだと思っているママやパパが多いということです。

特に野菜などは、

〈子どもが食べない＝嫌いなんだ＝食卓に出さなくなる〉

という公式ができてしまっています。

それで、本当は食べられるのだけれど、お家では食べなくなっているということが多いように感じます。

本当は、

〈食べない＝食べたことないから警戒している＝美味しく食べられる体験をすれば食べられるようになる〉

なんです。

大人が思う子どもの喜ぶ食事と子どもがよく食べる食事にはギャップがあります。数回食べないことがあっても、料理や切り方を変えただけで食べるようになる。そんな例が教室ではたくさんあります。

まずは、子どもが食べられなかったのには「何か理由があるんじゃないかな？」と原因を探してみることが大事です。

ここからは、偏食や体調のことに悩んでいた子どもたちやママが、実際にどんなアプローチで激変していったのかを実践的に細かくご紹介していきますね。

51 食事に興味なかった10か月男児が自分でモリモリ食べるように激変！

生後10か月のAくんは、離乳食のスタート頃からあまり食事に興味がなく、食べさせようとしても嫌がっていました。10か月頃に2回食になっても、椅子に座らせるだけで精一杯。完食することはほとんどなく、目の前に出された皿やスプーンをひっくり返して遊んで終了というような状態でした。そんな状況がストレスとなっているママが不安になって相談に来られました。

まず、野菜とおかゆを混ぜて食べることが多かったので、**野菜とご飯を分けて、野菜はつかんで食べられるサイズに変更**しました。

また、ママがつきっきりで食事を食べさせるスタイルから、食べ始めの5〜10分程度は手を出さず、**自分で食べものに触るところから**始めてもらいました。

最初の1週間ほどは食べ進めることができない日もありましたが、徐々に自分でつかんでモリモリ食べるようになり、座って集中して食べられるようになりました。

食事に限らず、子どもたちは、自分1人でやりとげることに達成感や喜びを感じます。自分でやってみたいという気持ちから、大人が手伝おうとすると怒る子もいます。

これは赤ちゃんだって同じです。食べさせてもらうという受け身の状態で、食事が楽しみよりも義務感のようになってしまっている子が多いと感じます。食べる意欲を引き出す簡単な方法は、子どもに自分でさせてあげることなのです。

また、Aくんの場合、食感が苦手な食材があり、食事の進みが悪いようでした。

赤ちゃんはおかゆや柔らかいものを好むと思われがちですが、おかゆのようにべちゃべちゃしたものが嫌いな子もいます。おかゆをすっとばして軟飯なら食べるなんて子もいるくらいです。

本の通りに進めることが正解ではありません。その子の食べる意欲や食べ方、食後の便の状態や体調などを考慮したうえで、子どものペースに合わせてステップアップしていくことのほうが大切です。

52 硬さを変えただけで苦手なブロッコリーをバクバク食べるように

2歳になったBちゃんは、緑色の野菜を見るだけで「食べない！」と顔を背けていました。

ママは栄養面からもなんとか野菜を食べてほしくて、小さく切ってご飯やハンバーグに混ぜたり、ケチャップやソース、マヨネーズなど、野菜の味がわからないように調理して出していました。

わからないようにすれば食べられるものもあったので、毎日、「どんなメニューや味付けにすればBちゃんが食べてくれるようになるのか…」とSNSでレシピを検索して作り、そんな日々に疲れを感じていたそうです。

産前までは料理をすることが好きだったのに、このままでは料理すら嫌いになりそう…と感じ、相談に見えました。

まず、Bちゃんに実施したのは、料理の作り方と切り方の変更と、調味料を自然なものにシフトすることでした。

料理が全体的にソース類などで濃いめに作られていたので、塩こうじ、醤油、みりん、ごまなどの自然な調味料に変えて、調味料から砂糖と添加物の入っているものをなくしました。

野菜は小さく切ったり、千切りのものが多かったのを、イチョウ切りや輪切りなど、一口では食べられないサイズに変えてもらいました。

また、油で炒めるような料理が多かったのと、ブロッコリーも茹でて食べていたので、調理法を教室の蒸し方に変えるようお願いしました。

この３つを続けたところ、１か月ほどで、嫌がっていた緑の野菜やブロッコリーを自分から食べる姿が見られるようになりました。

子どもが野菜を食べない理由の一つに野菜の調理法があります。

野菜は、カットされたものや冷凍ではなく、旬の生のものを使います。

また、緑色の野菜類は、長時間加熱するよりも加熱時間を短くしてさっと蒸したほうが旨味と甘味が増します。同じ野菜でも味が全く異なることが子どもにもわかってもらえると思います。

Bちゃんがブロッコリーを嫌いだったのも食べるようになったのも、さっと蒸して茹で加減を変え、甘味を残して料理したからです。茹ですぎたブロッコリーは食感と味が落ちてしまっていたのでしょう。

2歳頃の子どもたちは特に味覚が敏感な時期です。添加物の味を敏感に感じ取る子も多くいます。

自然な調味料やだし汁のほうが体に合っていることを本能的に感知して、**調味料を変えただけでも好んで食べるようになる**ケースも多いです。

2歳頃の子どもたちの偏食対策として、栄養面を考えて細かく刻んで食べさせることもありますが、**噛む力を育ててあげながら食事するようにしていけば、刻まなくても食べられる**ようになります。

料理法を変えて調味料をシンプルにしていったことで、Bちゃんのママがそれまで

レシピの検索や料理にかけていた時間は、半分以下になりました。今では料理だけでなくおやつ作りをする元気まで出てきたそうです。

子どもが喜ぶ時間のかかるご馳走メニューは、月に1回くらい、特別な日だけで十分です。毎日ご馳走だと料理の労力もいりますし、胃も疲れてしまいますよね。

子どもたちが好む味は、比較的シンプルな伝統的な調味料だったりします。添加物の入っていない本物の調味料は、少し使うだけでも食材の旨味を底上げしてくれますよ。

53 偏食でママが全部食べさせる食卓から、3か月で自分で完食！

4歳のCくんは、食事に興味が薄く小食で、集中して食事中席に座ることが難しく、すべての食事をママがおもちゃやテレビで興味を引きながら、口に運んで食べさせている状態でした。何とか食べさせても、噛んで食べるような野菜などは苦手で、後で吐き出すことが多かったそうです。

ママは共働きで料理する気力がなく、また時間もとれなかったため、食事は冷凍食品や調理キッドを利用していました。

朝ご飯の時間も空腹の様子がなく、ほとんど食べずに保育園に行き、保育園でも野菜などを残すことが多く、心配で相談に来られました。

まず、Cくんに実施したのは、**「ながら食べ」をやめること**。

そしてママには、**頑張らなくてもできる、シンプルな手作りの料理に変えてもらいました。**

食事が受け身で食べることを楽しめていなかったので、ママも一緒に食事をして、なるべくお手伝いする回数を減らしてもらいました。

あまり噛まずに「ながら食べ」をしていると、栄養の吸収や消化機能が落ちてしまうのでそれも空腹にならない原因ではないかと感じたからです。

初めは食べる量が少ない日もありましたが、ママのお手伝いがなくなると、Ｃくんは、食事を自分で食べるようになりました。

また、ママが料理＝大変なものと感じていたので、ほったらかしでできる料理やシンプルな味付けの料理をお伝えしました。

手作り料理が隙間時間で簡単にできることがわかったママは、そこからは冷凍食品やレトルト食品を買うことがなくなり、簡単な手作り料理を毎食出すようになりました。

すると、Cくんが驚くほど食事を食べてくれるようになり、保育園でも蒸しただけの野菜をパクパク食べるようになったのです。

Cくんのように、添加物の味と本物の食事の味の違いがわかる子は、シンプルな和食や薄味で野菜の味を生かした料理に変えるだけでよく食べるようになります。

料理する余裕がないママは、だしのきいた味噌汁だけでもOKです。

夜寝る前、瓶や鍋に1リットルの水を入れて、いりこと昆布をひとつかみ入れて一晩おくだけで、ほんのりだし汁が出ます。加熱すれば、さらに旨味がアップします。

本物のだし汁とパックのだし汁の違いを子どもたちはちゃんとわかります。

本物の味のわかる健康的な味覚を育ててあげましょう。

54　1週間出ない便秘が食事だけで快便になった3歳児

３歳のＤくんは、偏食で野菜など食べられないものが多くありました。

食事の時間は、ママが声掛けしながら食べさせていて、保育園でも野菜や肉など食べられないものが多くありました。

硬いものや野菜などを噛むことが苦手で丸のみする傾向があり、お口ぽかん、鼻づまりなどのトラブルや便秘症状もありました。

便が１週間出ないこともしばしばで、便が硬く、トイレに行くことを嫌がることもありました。

薬は飲んでいませんが、便秘によいといわれる健康食品をとっていました。

それでもなかなか改善しなかったため、相談に来られました。

まずDくんに実施したのは、噛む力を育てる食事です。

それまでは、噛まずに丸のみするDくんが心配で、野菜などは一口サイズで食べられるサイズにしたおかずやスープ、卵焼きの中に具材を練りこんだものや豆腐などを食べることが多くありました。

野菜は一口で食べられない大きさに切り、調理法をさっと蒸す方法に変えて、スープなどのクタクタの野菜以外にも咀嚼する食べものを増やしました。


偏食にも共通することですが、便秘は腸のトラブルです。

腸と繋がる胃腸、さらに口の状態も関係しています。

まずは噛む力をつけて、いろいろなものを食べられる口に育ててあげること。栄養面だけでなく、食べたものを消化しやすい状態にして胃腸に負担をかけないことが大切です。


Dくんは食物繊維の量も不足していたので、お口育てと並行して、食事の中に、海藻や豆類、根菜を追加してもらい食物繊維の量を足したところ、1か月くらいで便の回数や状態が変わり始めました。

今までトイレに行くことを嫌がっていたＤくんが、トイレに自ら座るようになり、達成感に満ちた笑顔で戻ってくる姿が見られるようになりました。

１週間に１度だった便は、３か月ほどの食事改善で、多い時は１日３回健康的な便がするっと出るようになりました。

便の状態が改善されてくると、偏食だった味覚も日に日に改善されていきました。

食事改善を始めて１か月ほどで、それまでほとんど口にしなかった葉物の野菜を自分から食べたり、おかわりもするようになりました。

また、食事改善されて栄養状態がよくなったことで、性格面や発達、身長の伸びなど、多岐にわたってよい変化が見られるようになりました。

よく保育園で風邪をもらっては病院に行っていたのが、風邪もほとんど引かなくなりました。

それまではイヤイヤ期の延長のようなこだわりが強く見られ、発達検査をして経過観察といわれていたのですが、食事が改善されただけで、発語や顔つき、遊びに取り組む姿勢などにもめざましい進歩が見られるようになったのです。

「3か月での成長とは思えないほど、急成長していた」と臨床心理士からもうれしい診断をいただきました。

こんなふうに偏食や便秘といった症状以外にも、**子どもたちの健やかな発達や成長には、子どもたちが食べているものや食べ方がかなり影響しています。**

特に便秘は、体に毒素を溜めているので、体調不良と同じように子どもたちにとって心地の悪い状態です。

大人も風邪の時に食欲が落ちるのと同じで、子どもたちも便秘の状態では、食欲がわきにくくなるのは当然ですよね。

便秘の状態を健康な状態に戻してあげることで、自然と食べる意欲も増していきますよ。

55　怒りっぽい子は塩を減らしてみる

東洋医学では、食べたものと感情が繋がっているとされています。

怒りっぽい、泣き叫ぶといった感情の起伏が激しい子には、食べたものが影響していることも多いです。砂糖や果物などに含まれる果糖だけでなく、塩や肉といった動物性食品のとりすぎが原因になっている場合もあります。

マクロビオティックという東洋医学を基にした食事法では、人は中庸の状態にあると調和がとれ、逆に陽性や陰性に分類される食べものに偏りすぎると調和が崩れ、体調やメンタルでの不調が出やすくなるといわれています。

精製塩や肉、卵などは陽性の食べものに分類され、とりすぎることでエネルギーを内に溜め込む性質があります。ありあまったエネルギーが内にこもると、発散させるために癇癪のような症状となって出ることがあります。

赤ちゃんのおやつで多いベビーせんべいなどは、塩や砂糖が入っています。気になる症状がある時は、別の食べものに変えてみましょう。肉が続いていたら大豆製品を多くする、おやつに市販のおせんべいが続いたら、家で塩を入れないおにぎりにシフトするなどもいいですね。

ただ、本物の調味料の自然塩と精製塩といわれる塩は別物です。自然塩には、脳の発達を促すミネラルもたくさん含まれていて一定量は必要になりますが、精製塩といわれる化学塩にはミネラルはほとんど含まれていません。塩の作り方にはいくつか種類があり、伝統的な製法で作られる「天日塩」と表記されたものはミネラルの多い塩になります。「イオン交換膜法」で作られた塩にはミネラルがほとんど含まれておらず、「溶解」と表記されたものは、輸入された塩を溶かして作ったもので、コスト面では抑えられます。

塩一つでも甘味や辛味によってた料理の味わいが全く変わるので、手に入れるなら、**日本の伝統的な製法で作られる「天日塩」を使われることをおすすめします。**

56　メソメソ人見知りタイプの子には和食を多めにする

怒りっぽい子とは逆のメソメソタイプの子もいます。エネルギーが不足している状態にあり、疲れやすく、引きこもりがちで、友達と遊べなかったり、よく体調を崩したり、ストレスや環境の変化に敏感だったりします。エネルギー不足タイプの子に多い悩みが、便秘や軟便など腸トラブルや食が細いなどです。

腸内に棲みついている善玉菌は、体に必要なビタミンや幸福ホルモンなどを合成してくれます。ところが、腸の環境が悪く、悪玉菌が多い状態だと、どれだけいい栄養をとっても、それがほとんど吸収されずに外に出ていってしまいます。

食べものの栄養が十分にとれていなくてエネルギーが作られないことが、メソメソしやすい原因の一つになっているともいえます。

わが子たちも、お腹の調子が悪い時はぐずりますし、すぐ風邪をもらってきます。

そういう時は、お腹を冷やす乳製品や南国の果物、冷たい飲みもの、夏野菜などを控え、根菜類や梅干し、葛湯などを食べさせたりしながら、早めに手当てをします。

子どもによって性格もそれぞれ違いますし、その子の個性は大切にしたいと思っていますが、食べているものが原因で性格に影響しているなら、自分の食べているものを見直すことで変えていけるということです。

子どもたちの胃腸のトラブルが気になる時には、負担をかける砂糖、油、動物性食品などが盛り込まれた洋食ではなく、**おにぎり、味噌汁に梅干しといった和食で元気を養いましょう**。

また、小食で1回の食事量が少ない子には、4回食にして、おやつの時間にも軽い味噌汁とご飯や切り干し大根などの乾物のおかずを出すこともあります。

胃腸に負担をかけないよう、よく噛んで食べるなど、食べ方を見直すのも効果的です。

口育食レシピ❹ー噛む力を育てる

鶏の発酵オーブン焼き

材料（大人2人・幼児1人分）

・手羽元 8本・塩こうじ 大さじ 1/2・酒 大さじ 1

作り方

① オーブンにクッキングシートを敷いて手羽元を並べる。

② 大人は酒、塩こうじをまぶして、子どもは味付けなしで 180℃のオーブンで 25 分ほど、焦げ目が付くまで焼く。

Point

❶ クッキングシートでキャンディー包みをすれば蒸し焼きになり、離乳後期頃から食べられます。

❷ 子どもが少しずつ噛み切れるよう、大きく噛みちぎらないように注意して見てあげてください。

❸ オーブンがない方は、フライパンで焼いても美味しくできます。

噛む力を育てる手羽元のグリルレシピ動画を読者限定でプレゼント中！

公式 LINE より「手羽元」とメッセージを送ると受け取れます！

受け取り LINE https://lin.ee/fOuvV4

口育食レシピ❺一重ね煮でつくる

簡単だしいらずのお味噌汁

材料（大人2人・幼児1人分）

・白菜 2枚・大根 5㎝・人参 3㎝・椎茸 2個・味噌 お好みで

作り方

① 白菜は角切り、大根、人参はイチョウ切り、椎茸は千切りにしておく。

② なべ底から椎茸→白菜→大根→人参の順に重ねて入れ、焦げ付き防止の水 50 cc程度を入れて蓋をして蒸す。

③ 野菜が煮えたら水 800 ccを注ぎ、沸騰したらお椀に配膳し、大人は味噌を入れる。

※ つかみ食べ時期には、手づかみできる大きさに切るのがおすすめです。硬さは月齢の表を見て調整してみてください。

口育食レシピ❻一便秘改善に

わかめのサラダ

材料（大人2人・幼児1人分）

・生わかめ ひとつかみ・人参 3㎝・いりごま 小さじ 1

・ごま油 大さじ 1/2・塩こうじ 小さじ 1 ～

作り方

① 生わかめは水で洗い一口大に切る。

② フライパンに千切りにした人参とわかめを入れ、大さじ2杯の水を加え、蓋をして蒸す。

③ ②の水気を軽く切ってボールに移し、いりごまとごま油で和えて、大人は味見しながら塩こうじも加える。

口育食レシピ❼―怒りっぽい子に

あさりのお味噌汁

材料（大人2人・幼児1人分）

・あさり 1 パック ・味噌 お好みで調整

作り方

① あさりはさっと水で洗い、ボールにあさりが漬かる程度の水と塩小さじ 1 を入れてラップをして、半日水に漬ける。砂を吐いたら同じ要領で塩水を変える。

② あさりを小鍋に入れてあさりが漬かるくらいの水を入れて弱火で火にかける。アサリの口があききるまで火にかけた後、味見しながら味噌を溶かす。

取り分けご飯の例

大人ご飯		離乳食
鶏の発酵オーブン焼き	⇒	鶏の蒸しもの
簡単だしいらずのお味噌汁	⇒	野菜の煮物

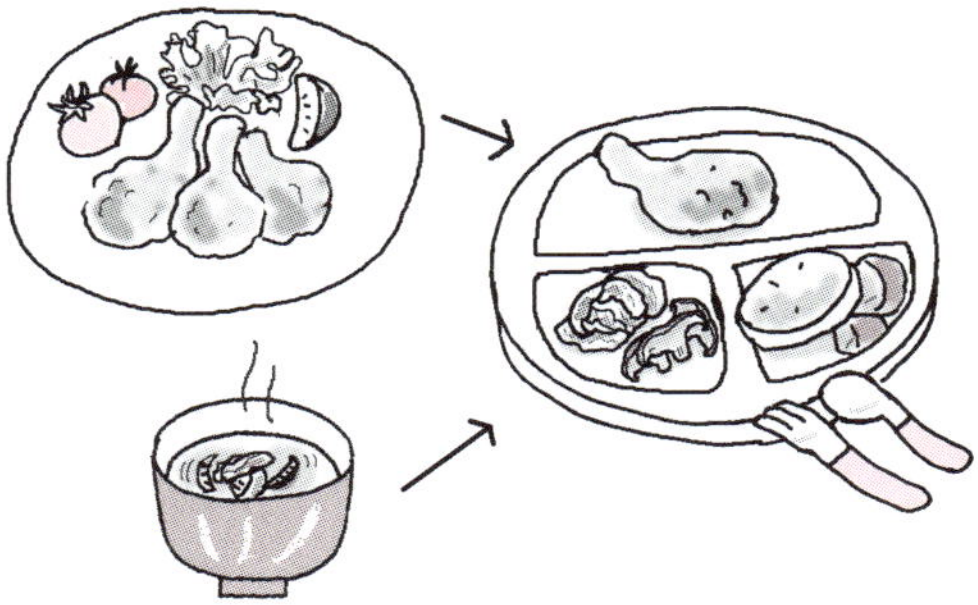

57　大人のご飯を食べたがる子どもには

1歳をすぎてくると、大人の食べているものを欲しがる子どももいます。大人の食べているものが食べたい、真似してみたいというような自我の気持ちの芽生えから、子ども用に薄味に仕上げても、大人と同じものを食べたがってうまくいかないなんてこともあるかもしれません。

そんな子どもへの対応方法としては、**食事を別々に作らずに、すべて取り分けご飯にすることがおすすめ**です。子どもの食事を作り、ママはその残りものを食べ、パパの分は別に作っていたり、大人の食事と離乳食と幼児食で数時間かかり、料理でヘトヘトになっているママも多いですが、ちょっとの工夫で楽になります。

揚げものや市販の○○の素などを使った料理だと取り分けるのが難しくなります

が、フライパンに野菜を入れてスライスの肉を重ねてのせて、少しの水を加えて蒸すなどの料理だと、取り分けて作ることができ、子どもの分は調味料がなくても作れます。

大人用には、刻んだニンニクや塩こうじなどでパパっと炒めれば、パパも満足いく一品に仕上がります。塩こうじは手作りすれば安価ですし、市販もされています。塩こうじを使いこなせれば、一つで味が決まるうまみ調味料と同じくらいの満足いく味になりますし、子どもたちもよく食べてくれますよ。

子どもが生まれ、離乳食や幼児食が始まり、今まで大人の食事だけだった食卓に子どもたちの食事が並ぶのって本当に幸せな時間です。

それと同じくらい子どもたちの食事が始まることに不安を感じるママもいるかもしれません。ですが、子どもたちの食事に合わせて調味料や料理の方法が体に優しい形に整っていくことで、ママやパパも健康的になっていきます。

子どもたちのためだけでなく、自分や家族みんなが元気に楽しく食卓を囲みたいですね。

58 お店の甘いおやつを食べる時はルールを決める

3歳くらいになってくると、お店に並ぶおやつを食べたがるようになることがあるかもしれません。そんな時は、**ルールを決めておくのがおすすめ**です。

わが家のルールは、旅行の時はご当地のおやつを食べてOK。その代わり、普段お買い物に行った時には、砂糖の多い市販のおやつは買わないようにしています。

こんなふうに、**特別な日に食べるものと決めておくとスムーズですし、楽しみにもなります**。

お店で売られているおやつは、基本的に大人が食べる味に作られています。

大人の食べられるおやつと子どもたちのおやつは別物で、大人は食べて問題なく代謝できるものでも、子どもには負担がかかってしまうことも多いです。

市販のおやつはどんな時に食べるのか、回数など、子どもたちにわかりやすいお約束にし、ルールがわかるような月齢で食べ始めると、お約束を守れるようにもなります。

ただ、大人はこの日以外に甘いおやつが食べたい日もありますよね。

その場合は、できる限り家には買い置きしないようにして、可能なら手作りしたり、たまにはカフェで大人だけの時間を楽しむのもいいのでは？

昔は、地域で子育てをしていたので、現代のママたちほどの孤独感はなかったように思います。祖母の時代は、夕ご飯時になると近所の子どもが勝手に家に入ってきて皆で食卓を囲んだり、醤油を切らしたら隣に借りにいくなど、助け合って暮らしていたそうです。

そう考えると、今のママたちって本当にすごいし、もっともっと人に頼って楽しんで子育てしていいと思います。一時預かりやベビーシッターなど、いろいろな子育てサポートを利用して、ママの心のリフレッシュも子育ての重要な役割の一つとして取り入れてくださいね。

59 好き嫌いなく食べる子に育てる秘訣は ママがちゃんと食べること

子どもの食事を心配して相談に来るママのほぼ9割が、ママ自身の栄養が足りていない状態です。食べているものだけでなく、声のトーン、顔色、舌などを見れば、その人の栄養状態や何が足りていないのかなどは体感でわかります。

特に授乳中のママの食事は、子どもの脳の発達にも重要な役割を果たします。さらにママが栄養のある食事を食べていないと、今はなんとか体力で乗り切っても、後々自身が更年期になってからの体調にも影響します。**子どもたちのために、まずはママの気持ちや体が元気になる方法を実践しましょう。**

例えば、納豆ご飯だけになっていたら、水で洗うだけのベビーリーフも一緒に食べる。カップに小さじ1の味噌・大さじ1のシラス・小さじ2分の1のかつお節を入れてお湯を注ぎ、即席味噌汁を作るなど、簡単なものからでOKです。

徐々に元気が出てきたら、取り分けご飯でママもモリモリ食べてくださいね。

私も、産後は完全母乳だったため、２人目の産後は、１日４回の食事＋おやつを食べていました（笑）。

１人目の産後は、子育てに必死で、里帰りから戻った後は、午前中には公園にベビーカーでお散歩し、少し汗ばんだらすぐお着換えをさせ、毎日お掃除、と頑張っていました。自分の食事は、パパっと済ませる納豆ご飯やちょこちょこ手軽に食べられるものを買ったりしてつまんでいました。

１か月そんな生活を続けていたら、母乳の出が悪くなり、夕方になると体力の限界に達し、一度横にならないと動けないほど体力が消耗してきました。

そこからは、自分の栄養状態を見直し、子どもの散歩や掃除をさぼっても自分の食事を大切にしたところ、母乳量も安定し、夜まで元気な体力が戻ってきました。

ママの食べ方や食事との向き合い方を、実は赤ちゃんたちはよく見ています。

子どもたちにいろいろなものを好き嫌いなく食べてほしいなら、ママがその姿を子どもたちに見せ続けることが何よりの近道になりますよ。

60 ゆるむ日、大切にしたい日を決めて毎日頑張らない

家族みんなで食卓を囲み、ご飯を頬張りながら「今日も美味しい！」ってニコニコ笑顔の子どもたち。

食べられることに感謝をしながら、心から満たされた幸せな時間を過ごす日々。

そんな食卓があるお家は本当に素敵ですよね。

食べることが好きな子どもたちは、顔色もよく、エネルギーに満ち溢れています。


ここまで読んでくださった方なら、きっとこれから子どもたちのためにも、

「毎日頑張って料理したい！」

「体によいものを選んであげたい！」

「できるなら負担になるものは食べさせたくない！」

などなど、何か熱い想いを持たれていることと思います。


その意気込み、とっても素敵です!!

でも、そう思えていない方も安心してください。

だって人は皆違う価値観を持って生きているのですから。

料理が好きなママもいれば、できるならやりたくないママもいます。

時には家で食べるより外に行きたい気分ってこともありますよね。

子育ても、大切にしたいこと、育てたい姿、目標にすることがみんな違っていいと思います。


この本に書いてあることは、すべて私が実践してきて効果のあったものです。

１０００名以上の子どもたちを見てきて、「食べものと食べ方が、幼児の偏食や心と脳の発達・健康面でのすべての問題に繋がっているんだ！」と発見したものを書いています。

この情報で、ママたちの子育ての悩みを少しでも減らせて、子どもたちが夢を叶える体の基盤を6歳までに獲得させてあげたいとの想いでお伝えしています。

だからこそ、ママたちに食事で、

「やらなきゃ」

「頑張らなきゃ」

「今のままでは全然足りてない」

という自分を追いつめるような正しさに縛られてほしくないと強く思います。

「本に書いてあることを実戦したら、毎日が楽になる」

「食卓がもっと楽しくなる」

「子どもたちの未来に貢献できる」

「今よりもっと食べたいものがいっぱい増えたら嬉しい！」

といったように、ワクワクした気持ちで取り入れてほしいと思っています。

考え方のちょっとした違いですが、結果が変わるほどの威力があります。

なので、なんだか今日はやりたくないって思う時は、お休みの日を作って、ママが楽しめる範囲で取り入れてください。

「今の自分や子どものままでは不十分…」という前提で頑張っていると、頑張っている間も苦しいですし、手に入れてもまた苦しいマインドの考え方に戻ってしまいます。

「今も十分だけど、どうなったらもっと毎日が楽しいだろう？」

そんなマインドで、楽しみながら一緒に進みましょう。

ママが元気な心と体でいないと、未来ある子どもたちの成長を側で見守ることができないし、育児することを全力で楽しめないと思うんです。
それに、ママやパパ、身近な大人が毎日を楽しんでワクワク生きる背中を見せ続けることは、子どもたちが未来を生きていく希望の光になります。

わが子を大切にする気持ちと同じくらいママ自身の人生も大切にして、一人の女性として幸せになってくださいね。

子どもたちに実際に効果のあった詳しい内容や写真は
ブログでもたくさんご紹介しているので覗いてみてくださいね！

おわりに

保育園でたくさんの子どもたちの食べ方を見てきて、感じていたのは、
・食べることが好き
・何でも食べてみようとする
・自分で主体的に食べる
そんな子どもたちは、「生きる力」が強く、周りに何と言われようと「自分が幸せに生きていく軸」みたいなものが確立されているなあということです。

これから子どもたちが成長して大人になった時に、自分の好きなものがちゃんとわかっていて、「自分はこう生きたい！」「自分はこれが好き！」と自分の考え方や意見を主張できるということは、とても幸せなことです。

自分の好きなことややりたいことがよくわからなかったり、自分に自信が持てなくて夢を諦めたりする大人になってほしくないのです。

23歳の時の過去の私がそうでした。

偏食で栄養不足だった頃の私は、夢を抱いても自分にはできないと諦めて生きてきました。そこから食事改善をしたことで、性格が明るくなり、人生が変わりました。

今では、長年の夢だった料理教室のサロンで、たくさんの生徒さんに囲まれて幸せに生きています。


人は、口に入れるものと食べ方で、性格や体質、さらには人生も変わります。

だからこそ、一生ものの体の土台が出来上がる乳幼児食の時期に、自分の体を整えるものを好む味覚に育ててあげたいと思っています。


近年、子どもたちがいろいろな問題をかかえ、自分の命を自分で奪ってしまうというような悲しい出来事も増えています。命を大切にすることは、言葉だけで子どもに伝えられるものではないと感じています。

日ごろから、自分の体を大切に考えて食事をすること、食べることが体を整えていくということ、食べものにも一つひとつ命があって、大切な命をいただいているんだということ。

家族の健康を願って毎日ママやパパが美味しいご飯を自分のために一生懸命作っている姿。

そんな日常の中で、生きる喜びや命があることへの感謝は、自然に湧き出てくるものだと思うのです。

そして、子どもたちがこれから先、何か壁にぶつかった時も、家庭の食卓という居場所があって、1日3回の食事という心の拠り所となる時間があれば、それだけで心が安定することでしょう。

家族みんなで囲む笑顔の絶えない食卓は、ただ単にお腹を満たす、栄養をとるだけでなく、子どもの健やかな心の発育や情緒の安定を助け、強くたくましく生きていく心を育ててくれます。


この本を手に取ってくださったすべての皆様の食卓が、安心感に包まれた笑顔溢れるものになることを願っています。

本書の執筆にあたり、多くの方々のご協力をいただきました。
料理教室を現在のような形でお仕事として活動できるようにご教授いただいた新名さわこさん、本の出版を応援してくださり、現在も教室運営のご教授をしてくださっている中島ともみさん、乳幼児の子どもたちの口の学びや食べ方などをご教授いただいた三坂歯科医院あかちゃん・こども歯科の小原美恵さん、本当にありがとうございます。
また、執筆期間中に多大な支えをしてくれた家族、0歳からの育脳食専門学校の講師たちにも深い感謝の意を表します。皆様の支えがなければ、本書を完成させることはできませんでした。この場を借りて改めてお礼を申し上げます。

子どもたちと過ごすかけがえのない時間を心から幸せと感じて生きるママやパパが世界中に増えることを願って。

財津あやか

2025年2月

参考文献

『子どもの病気は未然に防ぐ』内山葉子　評言社
『子どものつかみ食べはなぜいいのか?』山口平八・清水フサ子　ＩＤＰ出版
『口腔機能発達不全症対策 全身の発育を口から見る口育』安部秀弘　日本口育協会
『八訂食品成分表２０２４』香川明夫　女子栄養大学出版部
『ぐずる子、さわぐ子は食事で変わる!』岡部賢二　廣済堂出版

著者紹介

財津 あやか（ざいつ あやか）

0歳からの育脳食専門学校代表。管理栄養士。口育食® 専門家。

福岡県宗像市出身。純真短期大学食物栄養学科卒業後、10年間、保育園と病院で管理栄養士を務める。

現場で偏食、便秘、アレルギー、学習障害などトラブルをかかえる子どもたちと子育てに悩むママの姿を目の当たりにして、乳幼児食を探求し、「育脳食」「お口育ての食事」の開発を始める。

自身も23歳の時、幼少期からの偏食を放置した結果、自律神経失調で働けなくなり、食事療法のみで不調を治した経験があることから、子育てママに“子どもたちの輝く未来は食卓の中にある”と伝えるため独立。

脳を育てる「口育食®」講座の運営により、現在までの4年間で全国から600名以上の相談が寄せられた。

講座生からはたった3か月で受講前には想像もできないほどの子どもの成長が見られたと大絶賛されている。

体験会、個別相談などは募集すると即日満席になり、キャンセル待ちになることも多い。

0歳からの育脳食専門学校ブログ
https://ameblo.jp/kagumama23

インスタグラム
https://www.instagram.com/aya-
ka_zaitsu/

プレゼント受け取り LINE
https://lin.ee/fOuvV4L

0歳から育む 賢い食事法

2025年3月19日 初版 第1刷 発行

著　者　財津 あやか

デザイン　PINE 小松利光

イラスト　いなのべ いくこ

発行者　安田 喜根

発行所　株式会社 評言社

〒101-0052 東京都千代田区神田小川町2-3-13 M&Cビル3F

TEL.03-5280-2550（代表）FAX.03-5280-2560

https://hyogensha.co.jp

印　刷　中央精版印刷株式会社

©Ayaka ZAITSU 2025, Printed in Japan

ISBN978-4-8282-0749-0 C0077

定価はカバーに表示してあります。

落丁本・乱丁本の場合はお取り替えいたします。

自力旅游[illegible]国

バスに揺られて

自力で長城

Tabisuru CHINA 001

路線バスでゆく
八達嶺長城と明十三陵

JN140327

Asia City Guide Production

【白地図】モンゴル高原へ続く街道

モンゴル高原
へ続く街道
0km
50km

【白地図】徳勝門

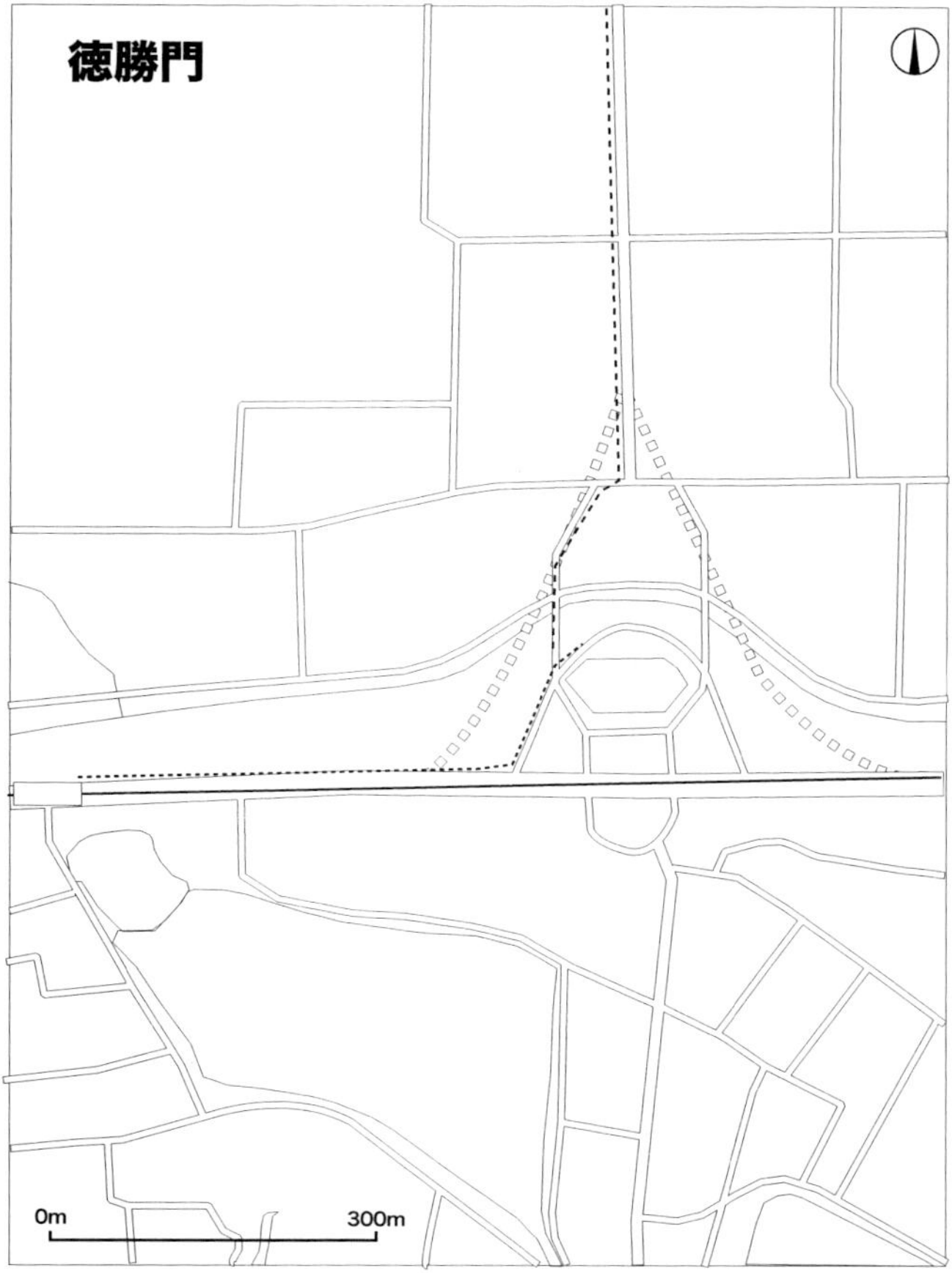
徳勝門
0m
300m

【白地図】◉ 877 路（八達嶺長城直通）

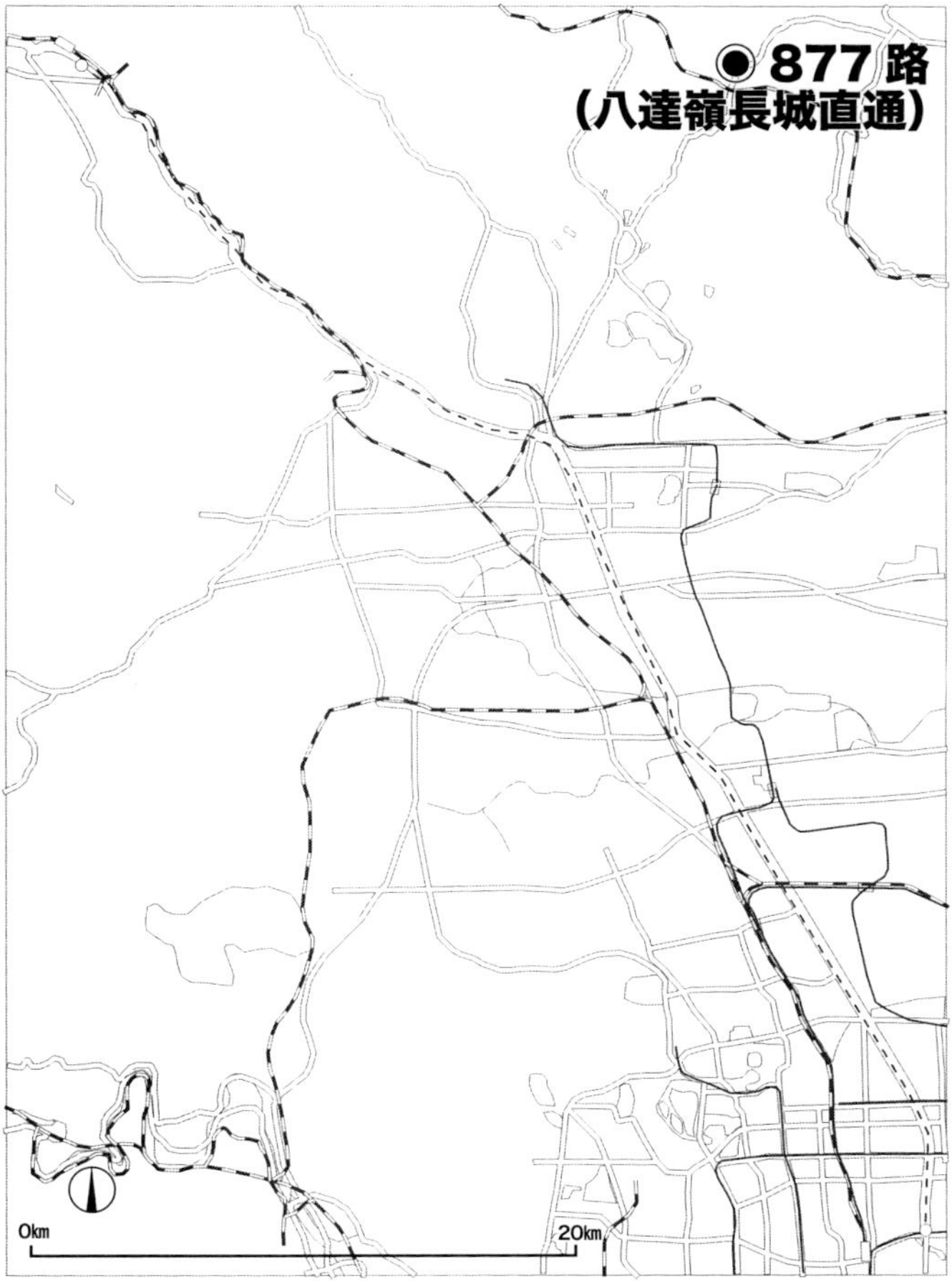
●877路
(八達嶺長城直通)
0km
20km

【白地図】919路（北京徳勝門～八達嶺長城）

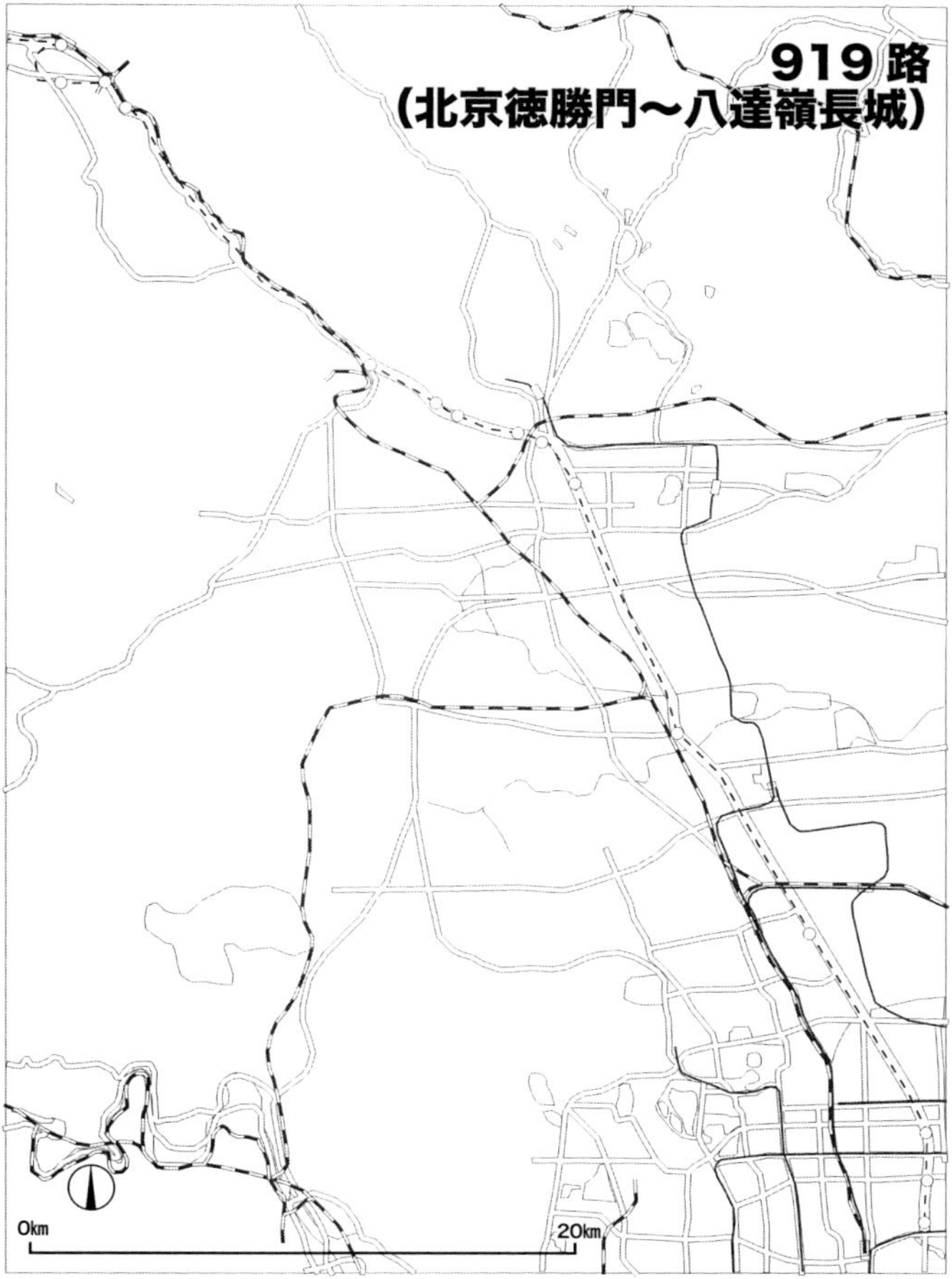
919 路
（北京徳勝門～八達嶺長城）
0km
20km

【白地図】八達嶺に寄る919路

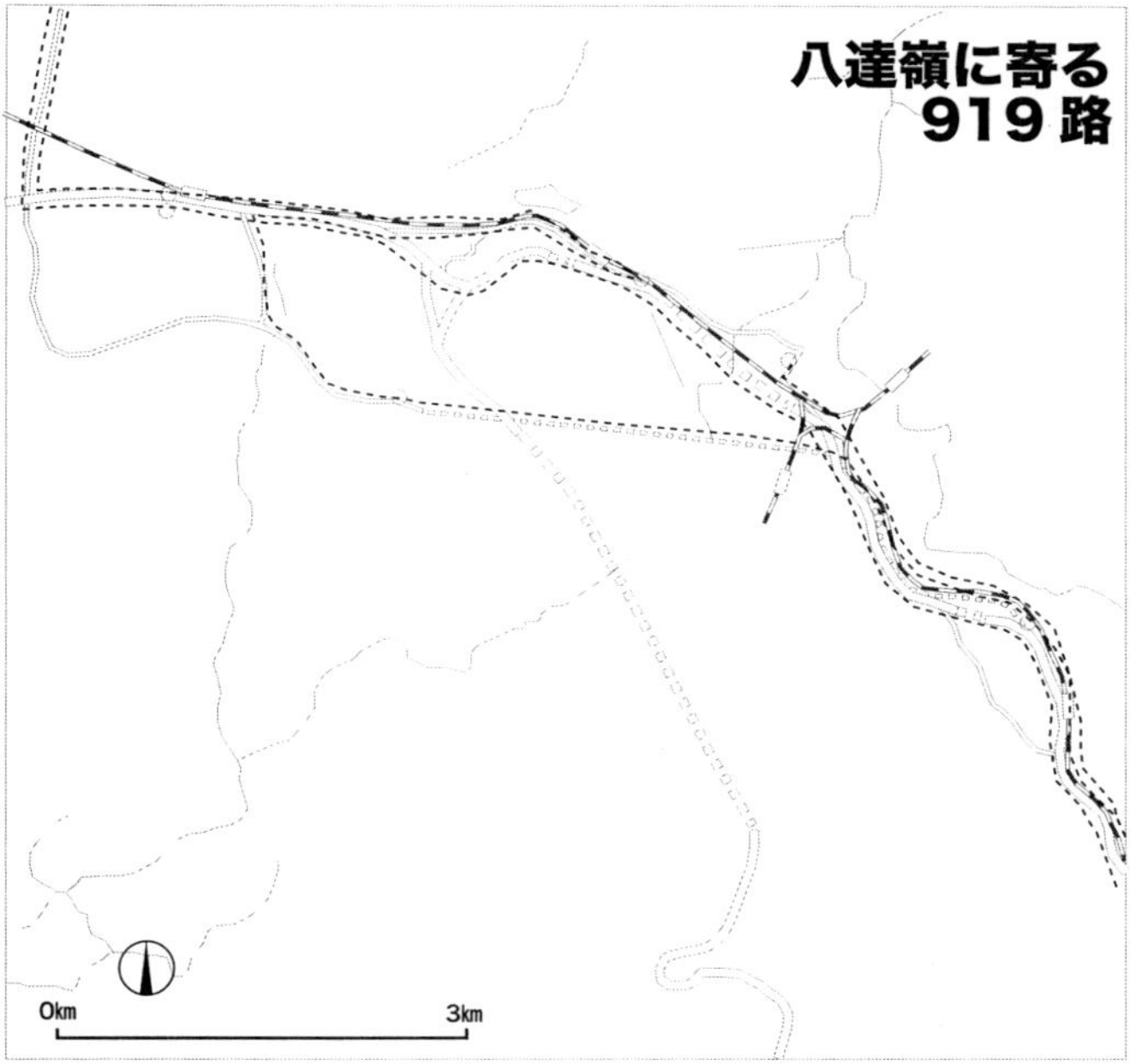
八達嶺に寄る
919路
0km
3km

【白地図】◉ 872 路 /345 路（北京徳勝門～明十三陵）

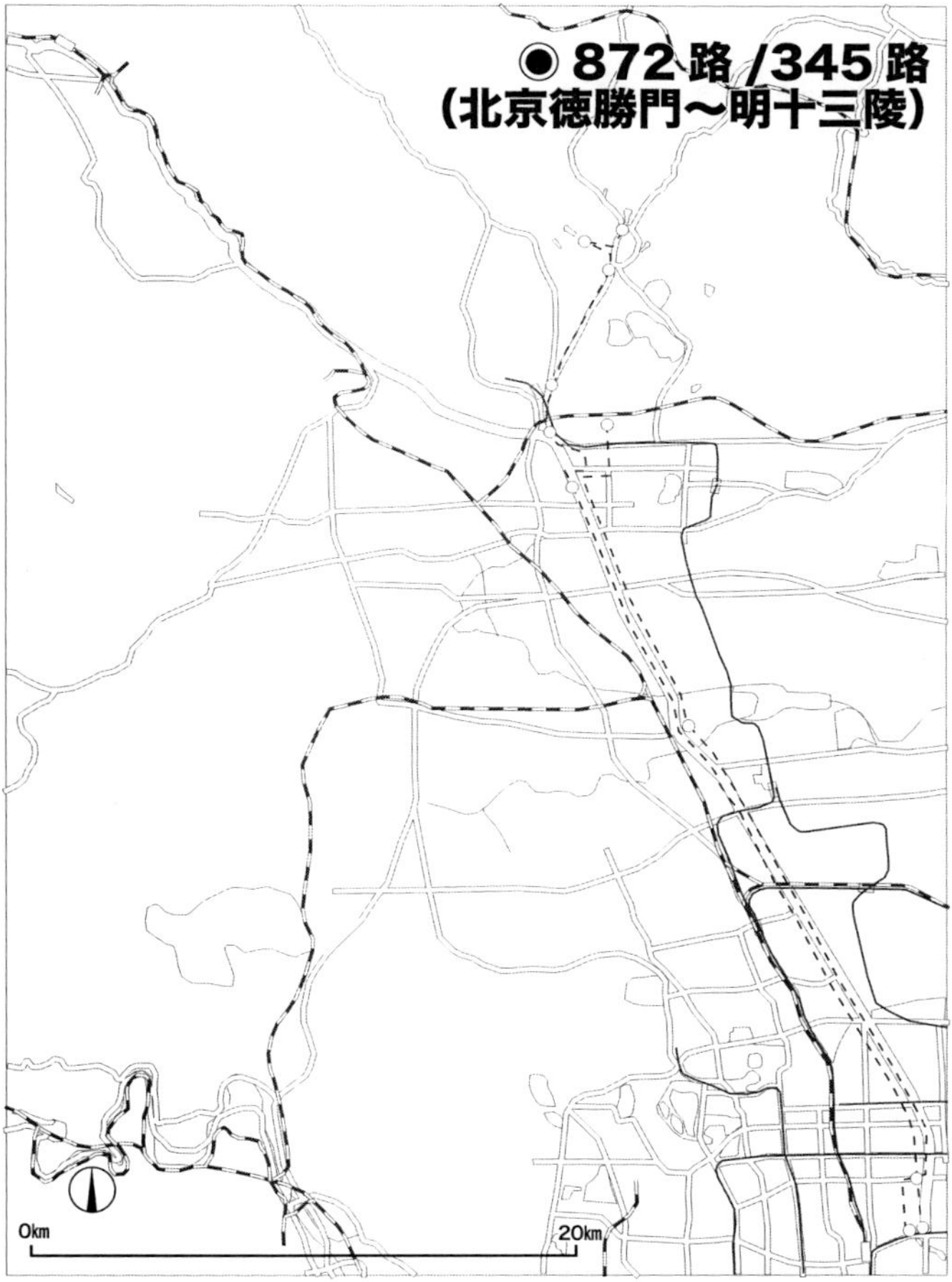
◉ 872 路 /345 路
(北京徳勝門〜明十三陵)
0km
20km

【白地図】明十三陵と 314 路

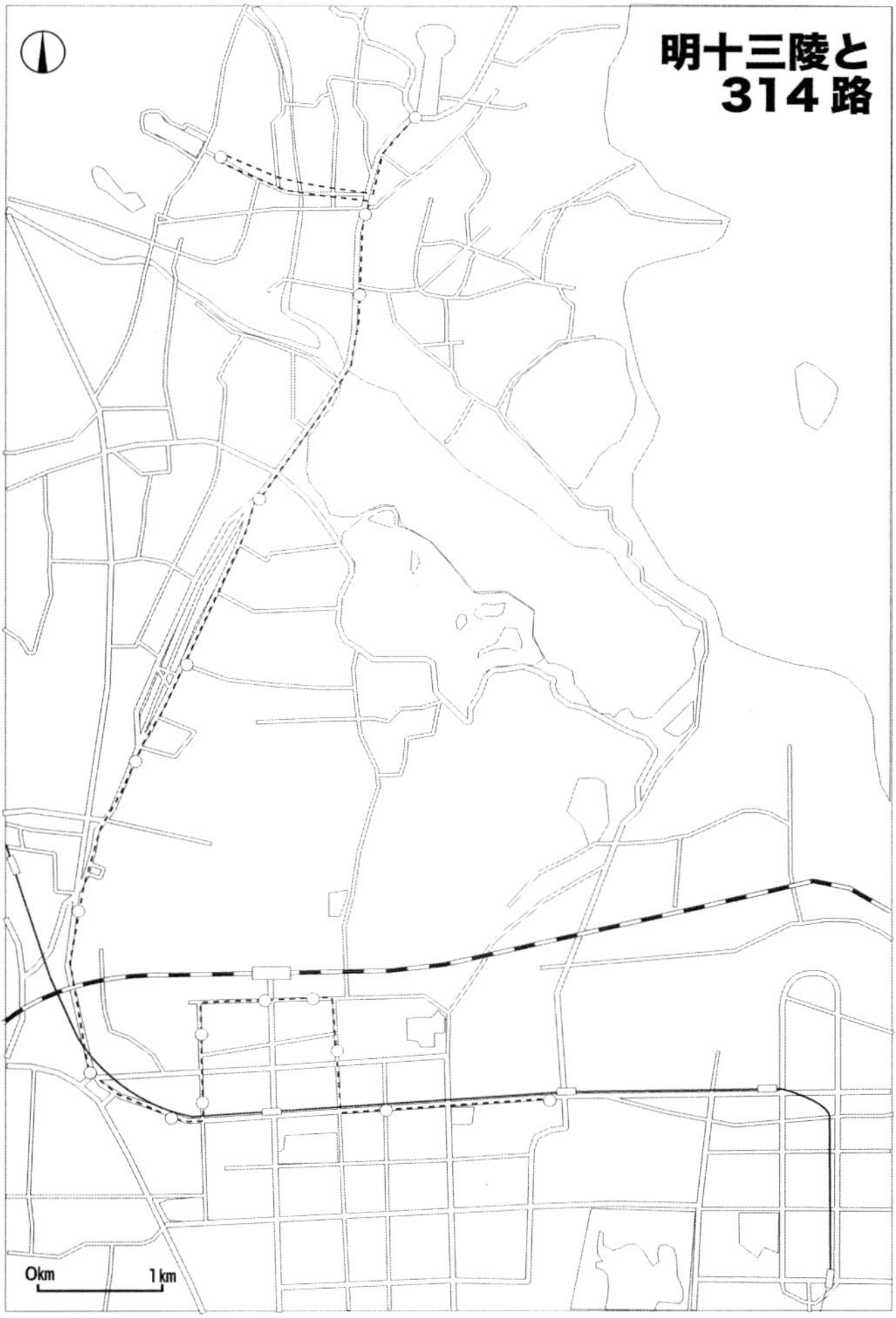
明十三陵と
314路
0km
1km

【白地図】明十三陵南（石牌坊と神道）

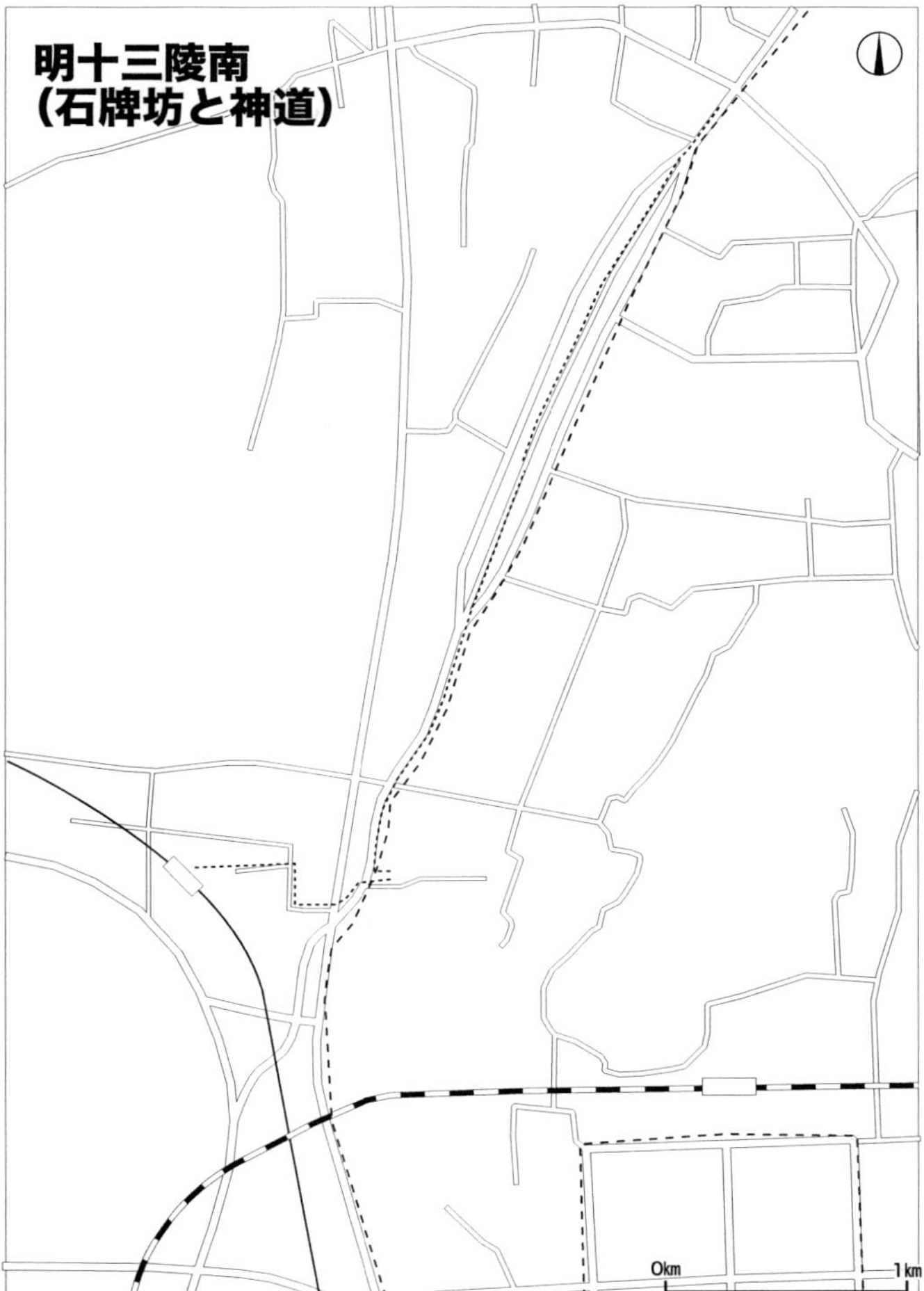
明十三陵南
(石牌坊と神道)
0km
1km

【白地図】明十三陵北（長陵と定陵）

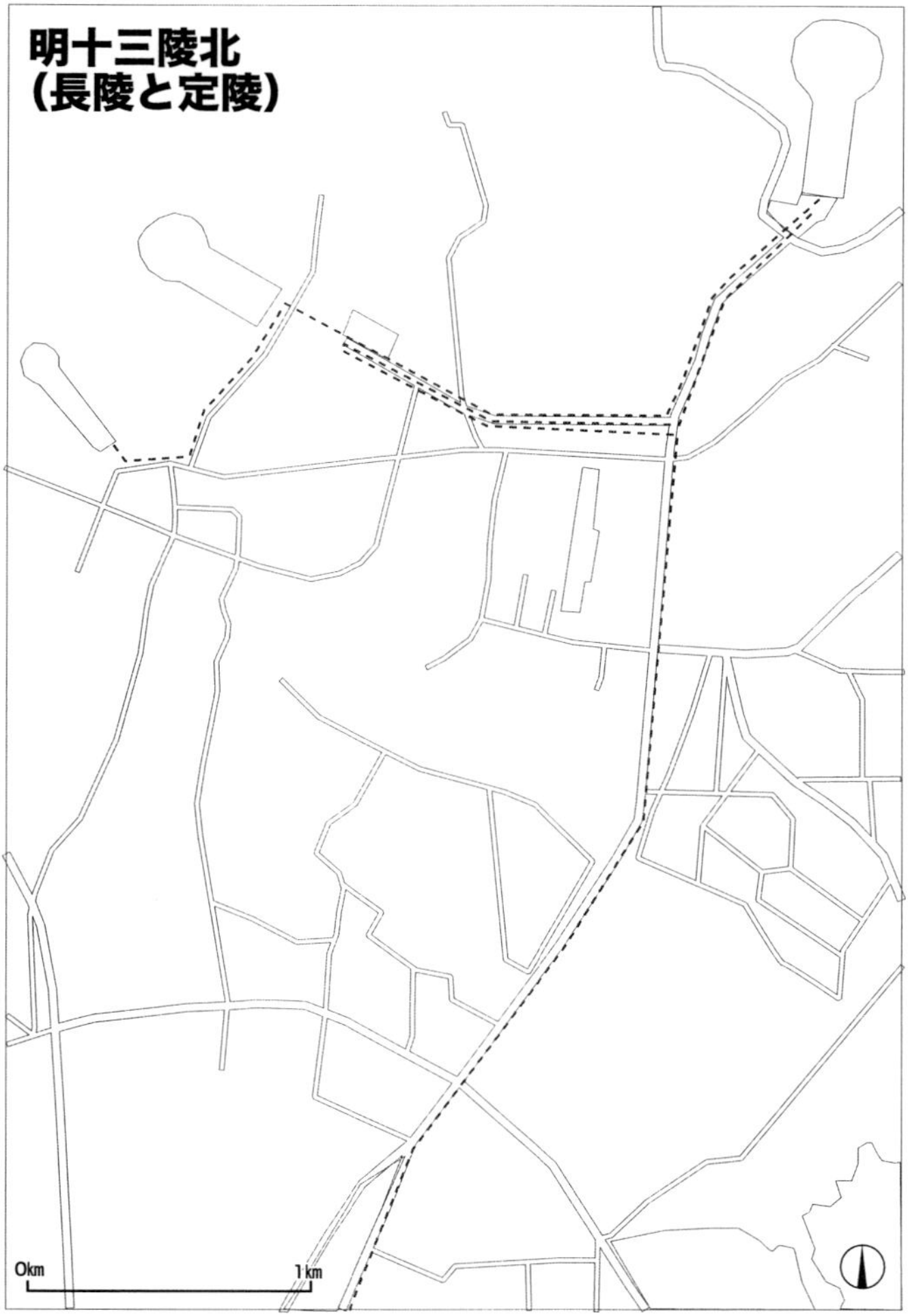
明十三陵北
(長陵と定陵)
0km
1km

【白地図】◉ 879 路（八達嶺～明十三陵）

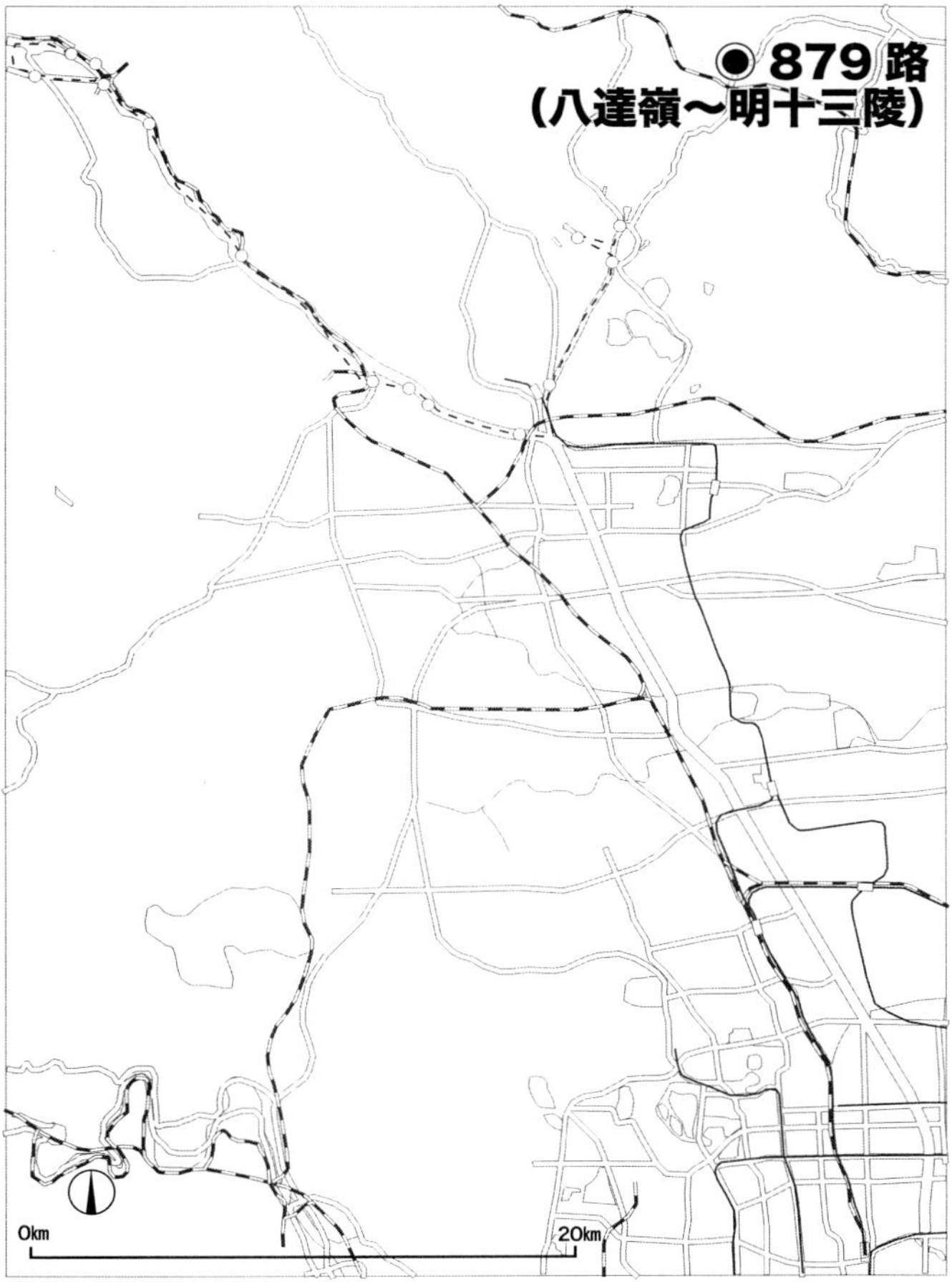
◉ 879 路
（八達嶺～明十三陵）
0km
20km

【白地図】南口

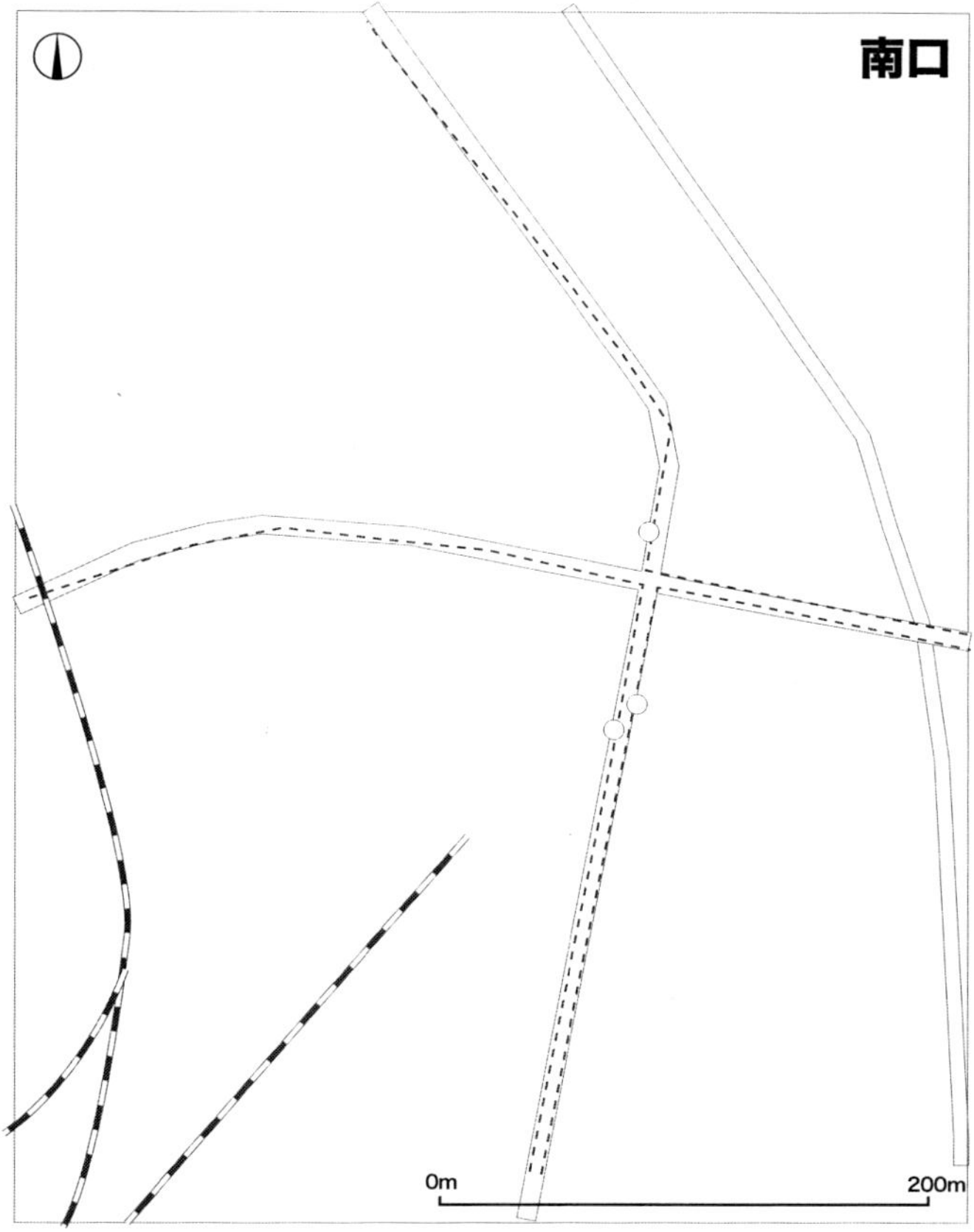
南口
0m
200m

【白地図】357 路（南口～昌平）

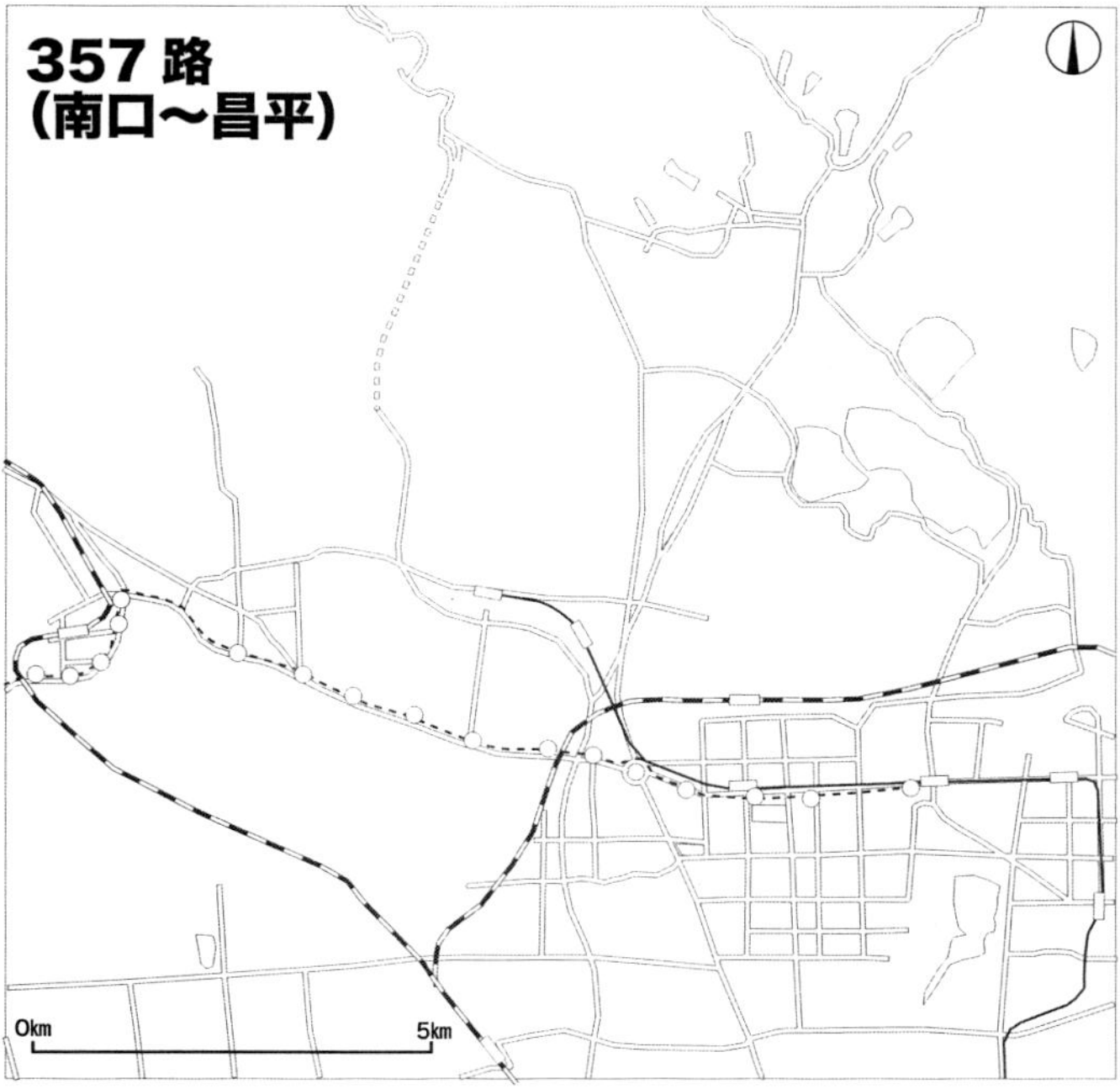
357路
（南口～昌平）
0km
5km

【白地図】八達嶺～南口

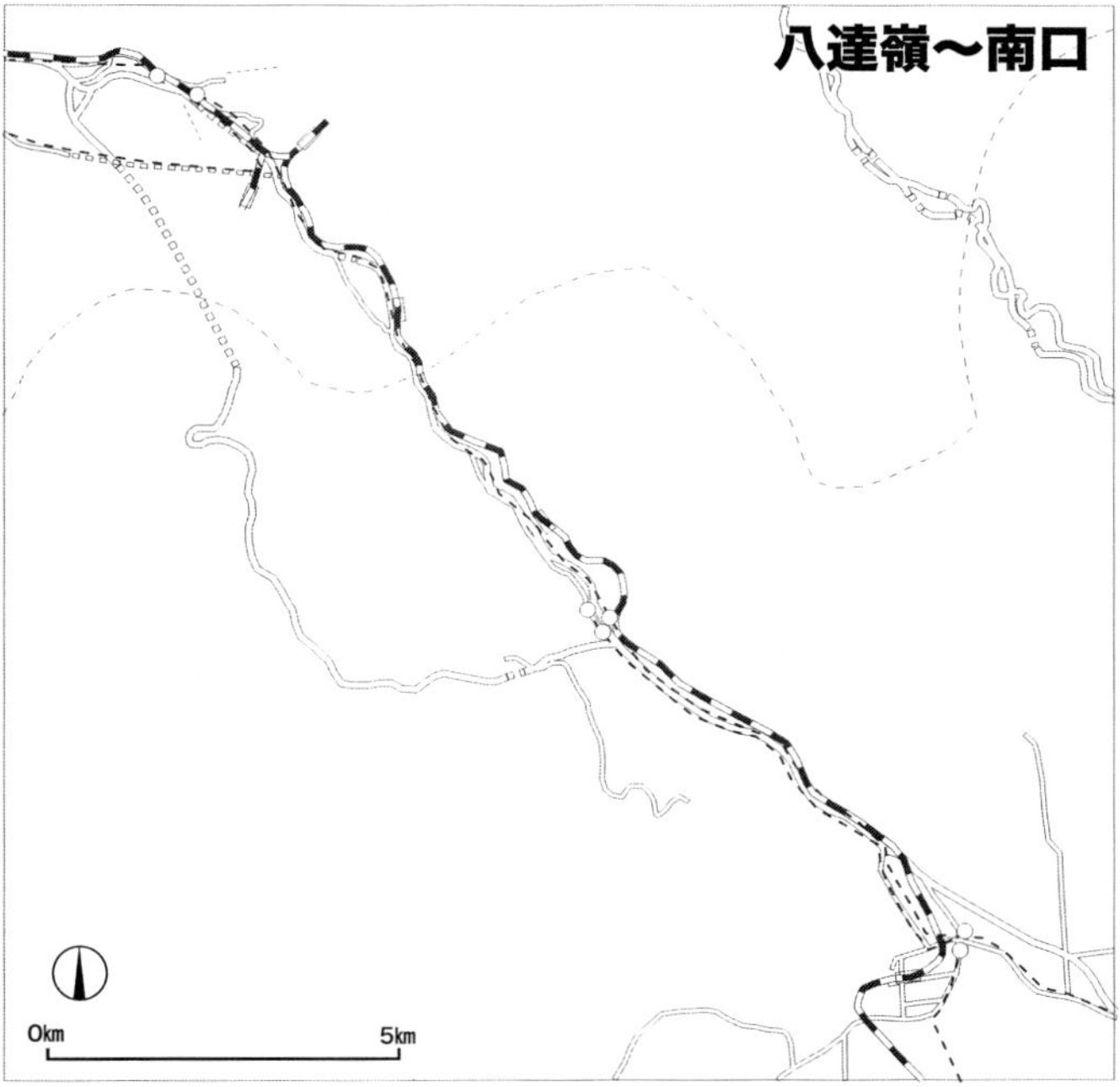
八達嶺〜南口
0km
5km

【白地図】八達嶺長城

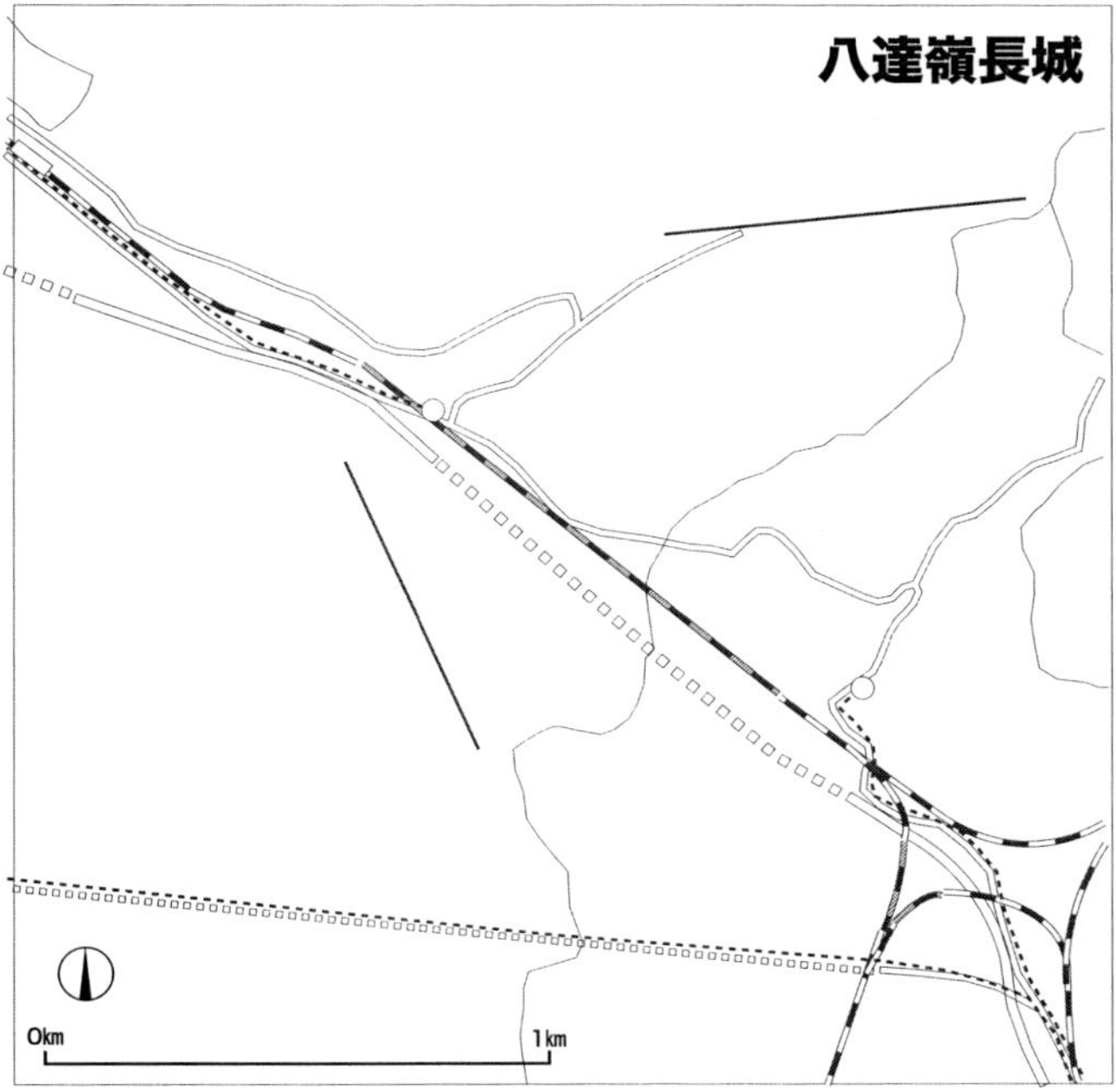
八達嶺長城
0km
1km

【白地図】岔道村（長城の西 2㎞）

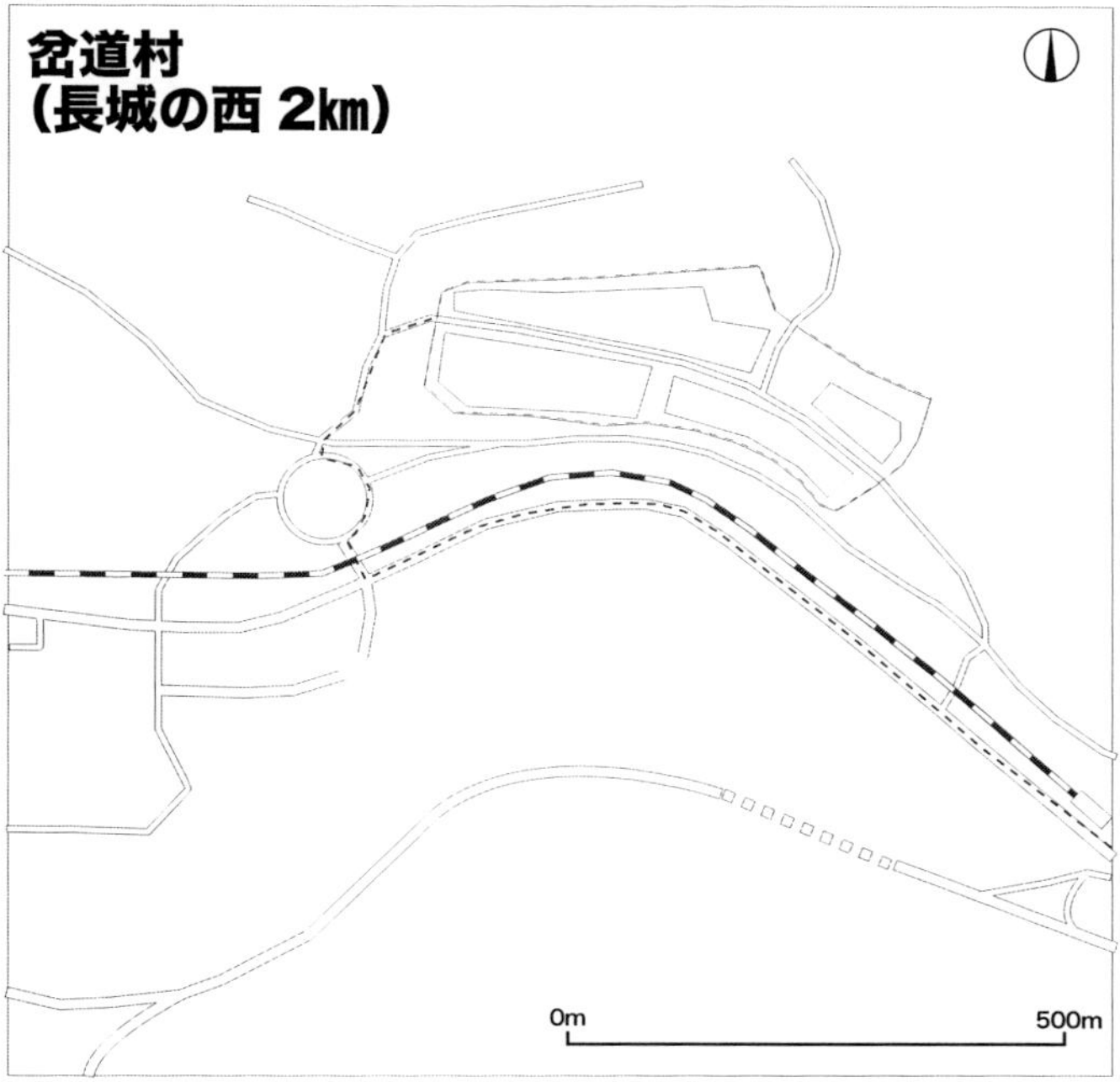
岔道村
(長城の西 2㎞)
0m
500m

【白地図】居庸関

居庸関
0m
500m

【旅するチャイナ】

001 バスに揺られて「自力で長城」
002 バスに揺られて「自力で石家荘」
003 バスに揺られて「自力で承徳」
004 船に揺られて「自力で普陀山」
005 バスに揺られて「自力で天台山」
006 バスに揺られて「自力で秦皇島」
007 バスに揺られて「自力で張家口」
008 バスに揺られて「自力で邯鄲」
009 バスに揺られて「自力で保定」
010 バスに揺られて「自力で清東陵」

北京郊外の万里の長城と明十三陵に行ってみたい。しかも自力で、安く。そんな旅人のための、アクセス情報に特化した旅行ガイドが自力旅游中国『Tabisuru CHINA（旅するチャイナ）』です。

故宮、頤和園、天壇公園、明十三陵、万里の長城、周口店北京原人遺跡。北京に6つある世界遺産のなかでも「万里の長城」は外せない観光地です。ところが、地下鉄でサクッと行ける故宮や頤和園と違って万里の長城は北京市街から少し離れてしまっているのです。

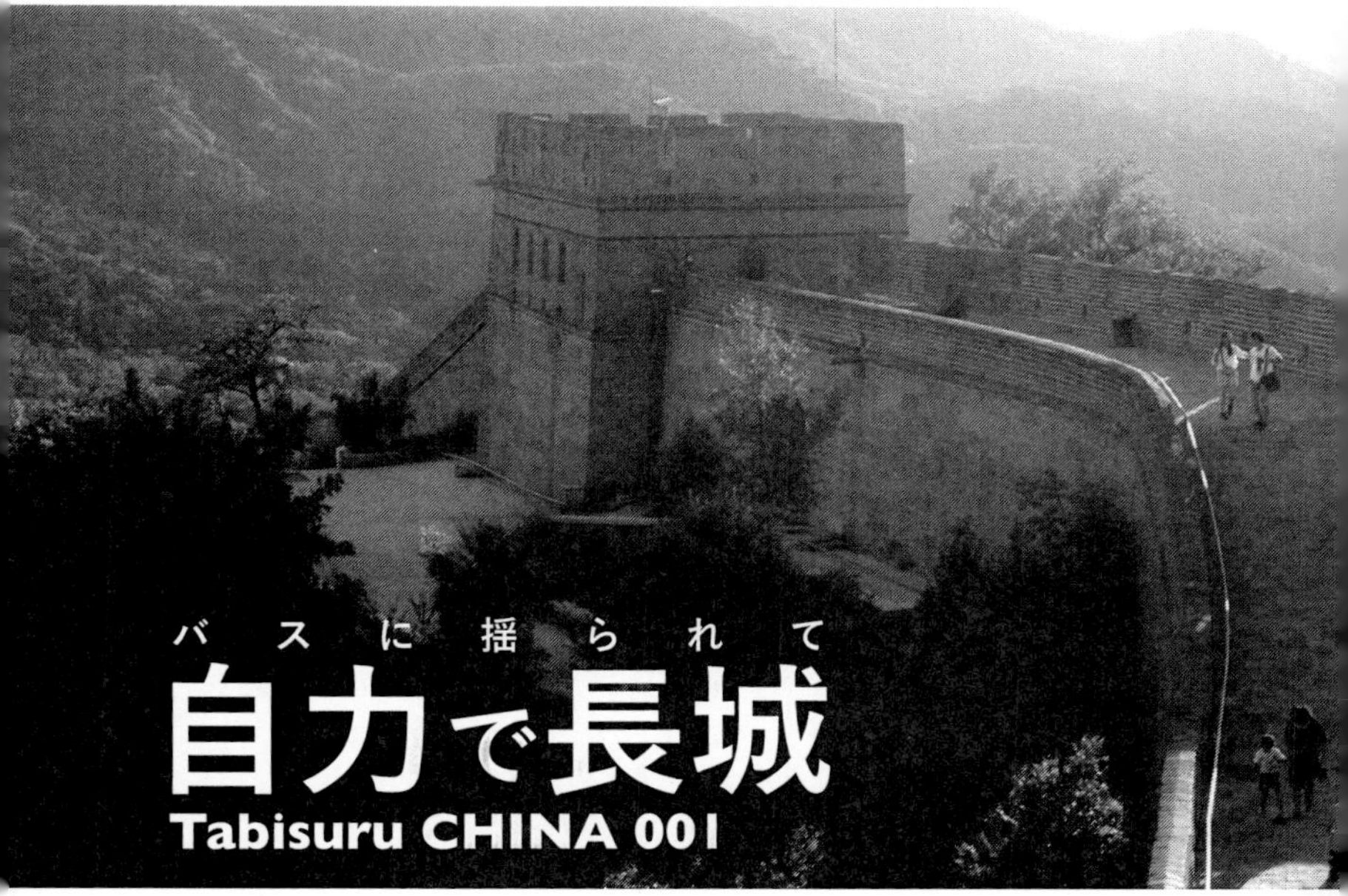

バスに揺られて

自力で長城

Tabisuru CHINA 001

そして北京で一番かんたんに行け、もっとも人気の高い万里の長城「八達嶺長城」と、もうひとつの北京の世界遺産「明十三陵」は同じ方向、一緒にまわれそうな気がする近さの距離に位置します。つまり、このふたつの世界遺産を一緒にまわることで、北京５大世界遺産（周口店をのぞく）を事実上、制覇できるのです。さて前置きが長くなりましたが、早速、みなさまを「万里の長城」の世界へいざないたいと思います。

【自力旅游中国】

Tabisuru CHINA 001 自力で長城

CHINA
長城

目次

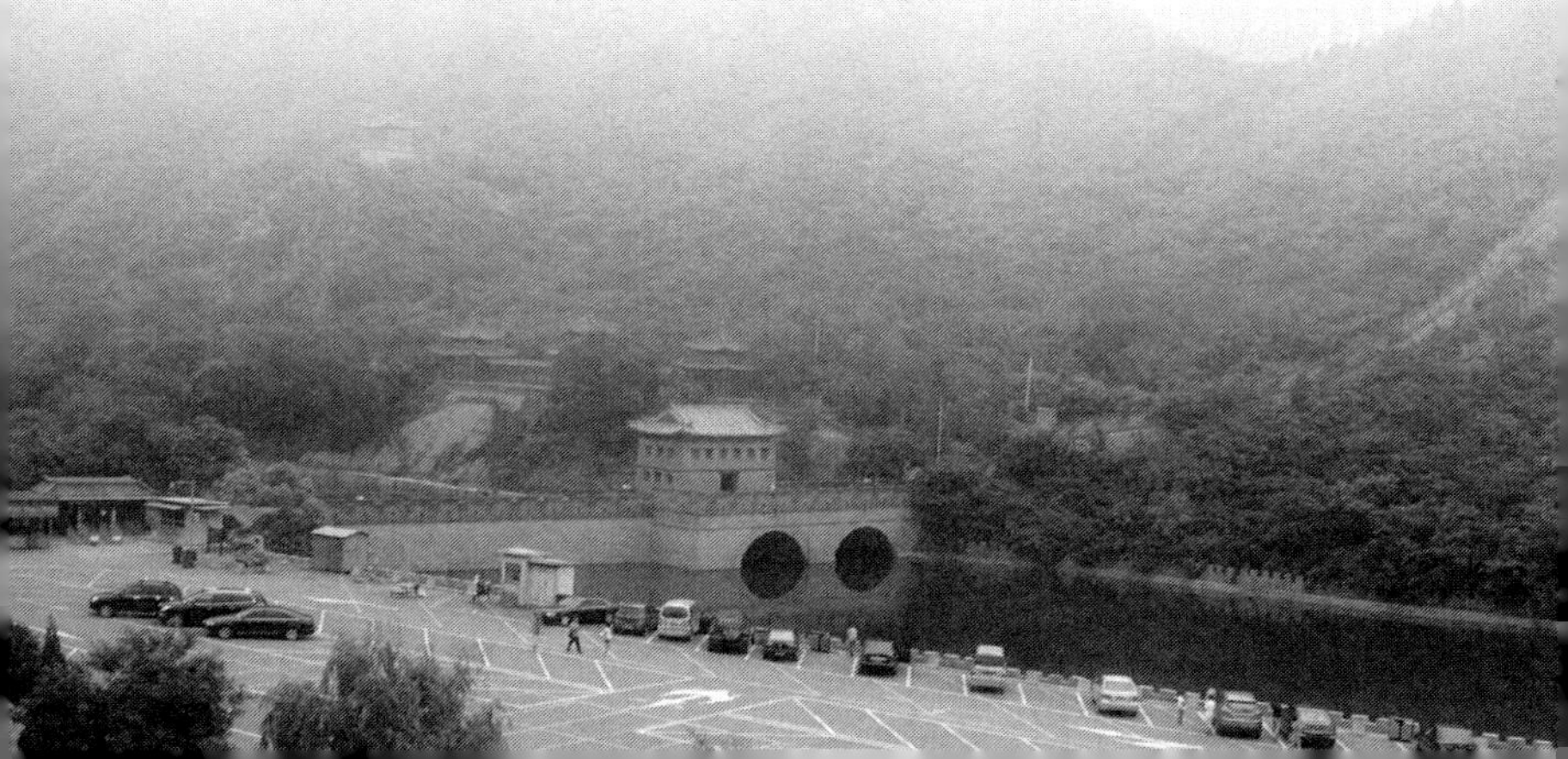

【MEMO】

CHINA
長城

自力でゆこう長城へ

路線バスでゆく万里の長城
まずは旅人が気になる
疑問に答えていきます

とにかく安い！！

八達嶺長城へ行くには、いくつかの方法があります。現地ツアー、タクシーチャーター、北京北駅から鉄道、そして路線バスです。八達嶺長城方面の路線バスは徳勝門から出ています。調査時点では北京徳勝門から八達嶺長城まで1時間半弱、価格はなんと12元でした。価格は常に変わっていくために注意が必要ですが、とにかくケタ違いに安く旅できてしまいます。現在は「877路」という北京徳勝門から八達嶺長城までの直通バスも走っていますので、これに乗ってしまえば、ラクチンに長城に行けてしまいます。タイトルには「バスに揺られて」と記していますが、徳勝門～八達嶺長城を走っているバスは乗り心地快適で、あまり揺られることもありません。乗り心地、清潔さなどなどで、ものすごく日本のバスと違うということはありませんので、どうぞご安心ください。

バスの料金と運行間隔

中国で路線バスで移動するにあたって、919路なら2元からはじまって以後、距離が伸びるに連れて、徐々にお金が加算され、大体60㎞先の八達嶺で12元になります。またそのほかの路線である357路では「12㎞までは1元、以後、5㎞ごとに 0.5 元ずつ加算」といった方式でした。そのため、八達嶺長城→南口→昌平→明十三陵というように、著名観光地のあいだをすべて路線バスでまわれたら、大体、ひと移動 2 〜 5 元、マックスでも 10 元程度でした。これがどのぐらい安いのか、グーグルで検索してみてください。後述する便利な IC カード「一卡通」を使えばほとんど交通費は気にならなくなるでしょう。また中国のバスは、919 路のような頻繁に来るものは最短で 5 分間隔程度、長くても 30 分程度。中国は人口が多いだけに、あまりストレスなく次の路線バスがきちゃいます（北京の辺境地帯や、八達嶺長城行き 919 路は

別)。もっとも日本のように発車到着時刻は正確ではありませんが、この旅行ガイドに紹介したバス路線は大体 15 分〜20 分間隔ぐらいで来ると見ていただければと思います。

途中から路線バスに乗る際の要チェック

路線バスで行きたい場所はどこで、自分の行く方面の「終点はどこ（〇〇行き）」のバスに乗ればよいのかをしっかりチェックしましょう。始発や終点なら問題ありませんが、一口に919路と言っても、北京方面に走る919路（のぼり）と八達嶺長城方面に走る919路（くだり）があるからです。各バス停には、簡体字で書かれた看板の表示がありますので、迷った場合は実際のバス停の看板をしっかり確認するのをおすすめします。方向感覚に自信がないかたは、北京徳勝門と八達嶺長城直通の「877路」、八達嶺長城と長陵（明十三陵）

を往復する「879路」、長陵と北京徳勝門を往復する「872路」以外は乗らない、と決めておくのも手です。この3つの路線バスは、それぞれ始発から終点へ行きますので、途中で中国語で質問したりする必要もありません。乗って、到着した終点で降りればよいのです（長陵から明十三陵はすべて歩くのも手です）。以上の3路線を黄金路線とし、図版には「◉（蛇の目）」を記しておきたいと思います。

万里の長城は北京に近い？？

ある人にこんなことを尋ねられたことがあります。「万里の長城って意外に北京に近いんですね？」。この質問はかなりの核心をついた質問と言えそうです。万里の長城は「南の農耕世界（漢民族）」と「北の遊牧世界（北方騎馬民族）」の境をわけるように、どこまでもどこまでも走ります（南の漢族が騎馬民族の侵入をふせぐために築いた）。現在の北京という街は、13世紀、元（モンゴル）のフビライ・ハンが築いた大都をはじまりとし、元（モンゴル）に替わった明（漢族）の永楽帝が少しのあいだだけ都のあった南京から、15世紀、

▲左　近くの村から八達嶺長城へ出勤するフタコブラクダ、今日も観光客と記念撮影。　▲右　龍のようにうねりながらどこまでも続く

北京へ遷都したことで知られます。北の遊牧世界から南の農耕世界を睥睨するためにフビライ・ハンは北京に都をおき、南の農耕世界から北の遊牧世界の最前線ににらみをきかせるため永楽帝は北京に都をおきました。つまり北京の近くに万里の長城があるんじゃなくて、「万里の長城の近くに北京という都がある」というのです。そんな話を聴いたとき目からウロコでした。

万里の長城は宇宙から見える？？

渤海湾に面した山海関から甘粛省、新疆ウイグル自治区の砂漠まで延々と続く万里の長城。全長 2700 kmとも、1 万kmとも、2 万kmとも言われる長大な城壁です。この長城は中国の皇帝が北方の遊牧騎馬民族の侵入をふせぐためにつくったもので、二千年に渡って再建、修復され続けられたものです。古くは秦の始皇帝（またそれ以上昔）、そして現存する長城は、北京に都をおき故宮を築いた明代のものです。これほど巨大な建築が、かたちを変えながらも二千年に渡って持続してきたという事実に、中国四千年の歴史を感じてしまいます。あまりの巨大さ、気の遠くなりそうな時間から、「万里の長城とピラミッドは、宇宙から見える」とまことしやかにささやかれ、多くの中国人はそれを本当に信じてきたと言います。実際、幅10mほどの城壁はいくらなんでも宇宙や月からは見えないようですが、万里の長城にはそう信じさせる特別な何かが宿っていると言えそうです。

我想去
八达岭长城
[見せる中国語]
wǒ xiǎng qù bā dá lǐng cháng chéng
ウォオシィアンチュウ
バアダアリィンチャンチャァン
私は八達嶺長城へゆきたい

我想去
十三陵
[見せる中国語]
wǒ xiǎng qù shí sān líng
ウォオシィアンチュウ
シイサンリン
私は明十三陵へゆきたい

我想去
居庸关
[見せる中国語]
wǒ xiǎng qù jū yōng guān
ウォオシィアンチュウ
ジュウヨォングゥアン
私は居庸関へゆきたい

我想去
德胜门
[見せる中国語]
wǒ xiǎng qù dé shèng mén
ウォオシィアンチュウ
ダアシェンメン
私は北京徳勝門へゆきたい

我要一卡通
50元
(30元+押金20元)
[見せる中国語]
wǒ yào yī kǎ tōng. wǔ shí kuài
ウオヤオイイカアトン
ウウシイクゥアイ
私は一卡通が50元分
(30元+押金20元)ほしい。

我要一卡通
100元
(80元+押金20元)

[見せる中国語]

wǒ yào yī kǎ tōng. yī bǎi kuài

ウオヤオイイカアトン

イイバイクゥアイ

私は一卡通が100元分
(80元+押金20元)ほしい。

我要一卡通
200 元
（180 元 + 押金 20 元）
［見せる中国語］
wǒ yào yī kǎ tōng. èr bǎi kuài
ウオヤオイイカアトン
アアバイクゥアイ
私は一卡通が 200 元分
（180元 + 押金 20元）ほしい。

旅のはじまり徳勝門

路線バスを乗り継いで旅する人に
「一卡通」は必須アイテム
駅の窓口で買ってみましょう

「一卡通」を手に入れよう

まず北京に着いたら是非ともお求めいただきたいのが、「一卡通 yī kǎ tōng イーカートン」という地下鉄、路線バスで利用できるICカードです。北京版Suica（Icoca）のようなものです。北京の人ならみんなもっていますし、とにかく混雑する地下鉄やバスの乗り降りでとても便利です。思い切って100元分ぐらいチャージしちゃいましょう。この一卡通は、地下鉄の駅などで売っていますが、日本のコンビニのようにいつでもどこでも買えるというわけではありません。もちあわせがなかったり、とり扱っていないという駅もありますので、なるべく早く、買えるときに買っておくことが大切です(北京空港ターミナル3で一卡通が買えなかったという経験もあります)。デポジット（押金/押銭ヤーチェン）が20元かかりますので、100元分買うなら、120元になります。このデポジットはカード返却の際に戻ってきます。バス乗車の際に、機械にピッとカードをかざし、降車の際にまたピッとかざす。乗客はならんでピッ、ピッと続けていきますので、前の人にならってピッと一卡通をかざしてください。とてもかんたんです。

旅は徳勝門から

北京近くの万里の長城は、八達嶺長城のほか、慕田峪長城、金山嶺長城、司馬台長城など、北京の北側をとり囲むようにありますが、もっとも旅行しやすく、もっとも人気の高い万里の長城が「八達嶺長城」です。そのため、ここからは「万里の長城＝八達嶺長城」としたいと思います。八達嶺長城や明十三陵など、北京北西郊外へ向かう路線バスは、徳勝門を起点とします。昔むかし、北京の街は城壁で囲まれていて、それぞれの方向に城門がおかれていました。そして、北西方面に通じる街道の起点になっていたのが北京城北西にあった徳勝門だったのです。城門といっても、日本の城の城門にくらべてもかなり巨大です。実際、北方騎馬民族がいつ襲ってきても大丈夫なように堅牢で、威圧的なまでのたたずまいをしています（城壁は撤去されましたが、城門は残っています。ちなみに北京城の城壁跡の地下を走るのが地下鉄2号線です）。この徳勝門へは北京地下鉄2号線の積水潭駅から徒歩で600m約8分の距離です。「A出口」から出るようにしましょう。東側に少し歩けば、超巨大な徳勝門が視界に入るはずです。

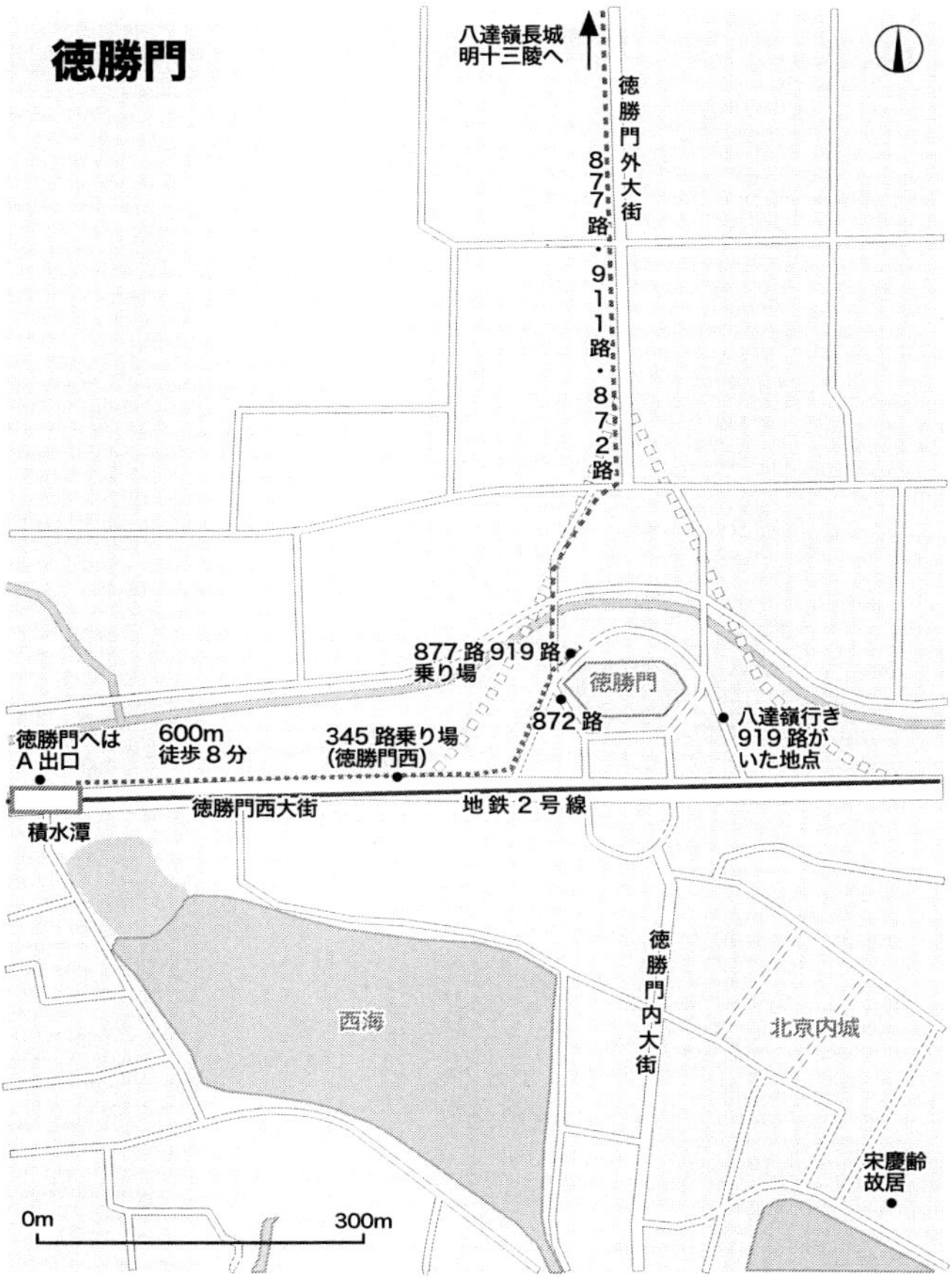
徳勝門
八達嶺長城
明十三陵へ
徳勝門外大街
877路・911路・872路
877路919路
乗り場
徳勝門
872路
八達嶺行き
919路が
いた地点
徳勝門へは
A出口
600m
徒歩8分
345路乗り場
(徳勝門西)
徳勝門西大街
地鉄2号線
積水潭
西海
徳勝門内大街
北京内城
宋慶齢
故居
0m
300m

徳勝門ステーション

徳勝門ステーションには、北西方面に向かう路線バスがいくつも待機しています。もっとも代表的なのは長らく八達嶺長城に向かう旅人に使われてきた「919路」、そして最近出てきた八達嶺長城直通の「877路」、明十三陵のある昌平へ向かう「345路」、明十三陵の長陵まで直接行く「872路」などのバスです。ちなみに345路は徳勝門の少し西側が乗り場になっているので駅名を「徳勝門西」と言います。この駅名の微妙なゆらぎにご注意ください。「徳勝門駅」と「徳勝門西駅」は表記は違うけれども、実際、ほとんど同じ駅だからで

▲左　これが919路、八達嶺長城へ旅人を導く。　▲右　八達嶺長城と明十三陵への起点となる徳勝門

す。このあと「八達嶺駅」と「八達嶺長城駅」、「南口路北口」と「南口路南口」というように、ほとんど同じ場所にある、駅名の異なるバス停が登場し、路線バスごとに停車する駅が異なってきます。なお、この旅行ガイドでは、多少、待ち時間や移動距離が増えても、「（旅人が）混乱せず」「よりスムーズに旅ができる」方法でご案内したいと思います。

「877路」でいきなり長城

さて、今回の北京は2泊3日だ。そのまんなかの空き日で、万里の長城行きたい！！　という人のために徳勝門からいきなり長城へ行く方法をご案内します。徳勝門から直通で八達嶺長城に着く「877路」を利用することです。徳勝門から八達嶺長城までの約60㎞をほぼノンストップで走る、まさに観光客のための夢のような路線バスです。徳勝門の次の駅が八達嶺長城です。朝6時から午前中のみ10～20分おきぐらいの感覚で走っているようですので、これに乗れれば、行って帰ってくるだけ、あっさり万里の長城制覇です。直通だけ

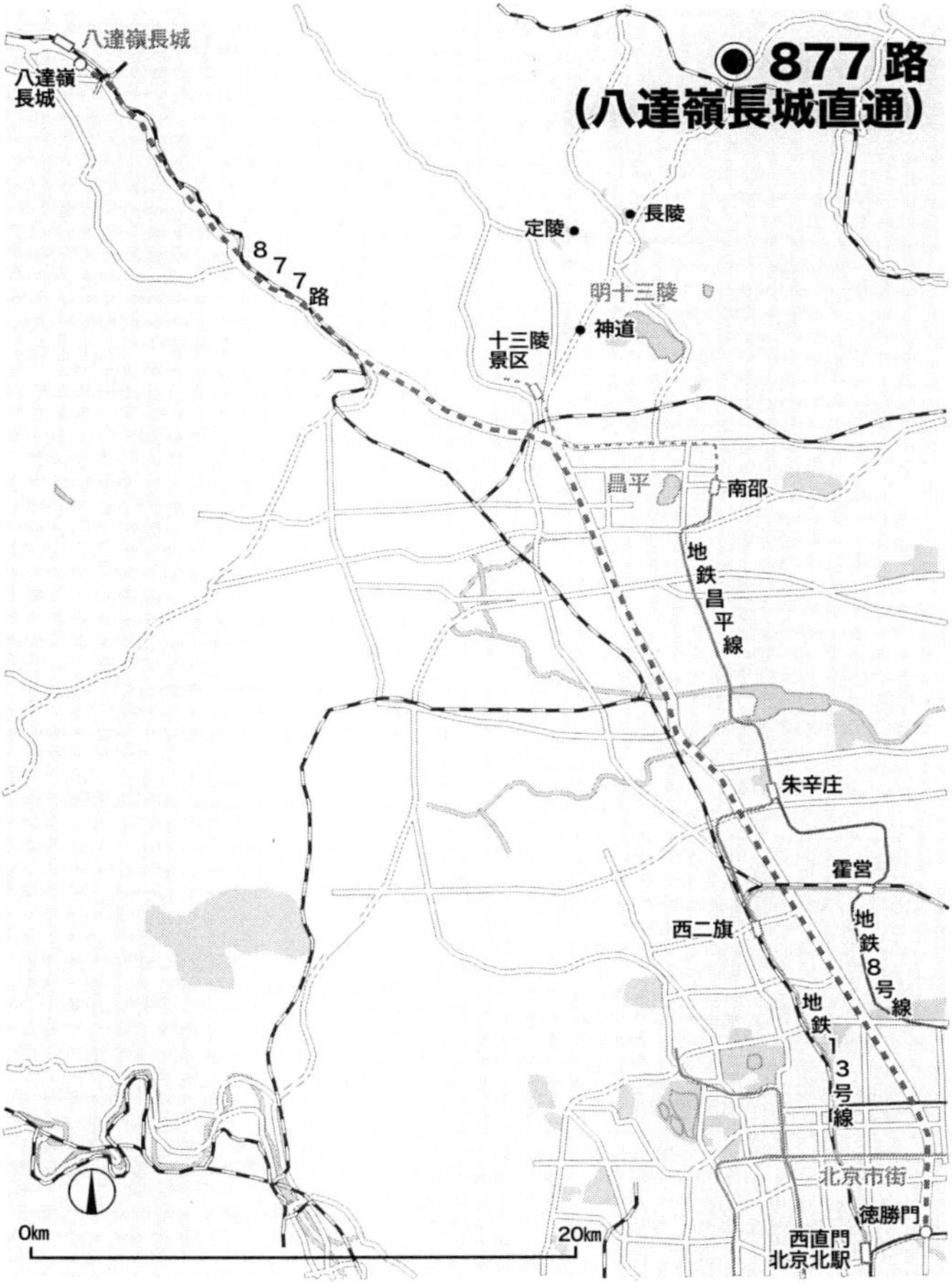
●877路
(八達嶺長城直通)
八達嶺長城
八達嶺
長城
877路
定陵
長陵
明十三陵
神道
十三陵
景区
昌平
南部
地鉄昌平線
朱辛庄
霍営
地鉄8号線
西二旗
地鉄13号線
北京市街
徳勝門
西直門
北京北駅
0km
20km

に919路より早い1時間ほどで八達嶺長城に到着します。

［DATA］877路 bā qī qī lù バアチイチイルウ

・【徳勝門→八達嶺長城（朝6時～昼12時半、午前中のみの運行）】【八達嶺長城→徳勝門（朝10時半～夕方17時/秋冬朝11時～夕方16時半）】

・877路停車駅（徳勝門 德胜门ー八達嶺長城 八达岭长城）

・徳勝門から八達嶺長城まで12元

王道の「919路」

877路を利用する人もふくめ、北京北西方面を走る路線バスの王道中の王道と言えるのが「919路」です。この919路は北京から八達嶺長城へ行くためにもっとも利用されてきた路線バスで、本当は北京北西郊外の衛星都市「延慶」へ向かう路線です。同様に、河北省「懐来」へ向かう「880路」という路線バスもあります。この880路と919路は、とくに八達嶺長城から北京徳勝門に帰ってくるときに、重宝しますので、頭に入れておいて損はありません。北京へ戻ってくる際はどちらに乗っていただいても結構です（なお調査時点では

880路は河北省の懐来までは行っておらず、その手前の「華僑農場」が終点でした)。ここで先に掲載した「【地図】モンゴル高原へ続く街道」をご覧ください。北京徳勝門から北西に伸びる街道は張家口、そしてその先のモンゴル高原へと続いています。河北省張家口の外側は遊牧民たちの世界なのです。そして北方騎馬民族の本拠地であるモンゴル高原と北京を結ぶ地点に、万里の長城は築かれているのです。河北省懐来近くには「土木」という地名が見えますが、ここは1449年、明の皇帝英宗がモンゴルに捕らえられて捕虜になる「土木の変」が起こった場所です。そのことからもこの北京北西郊外

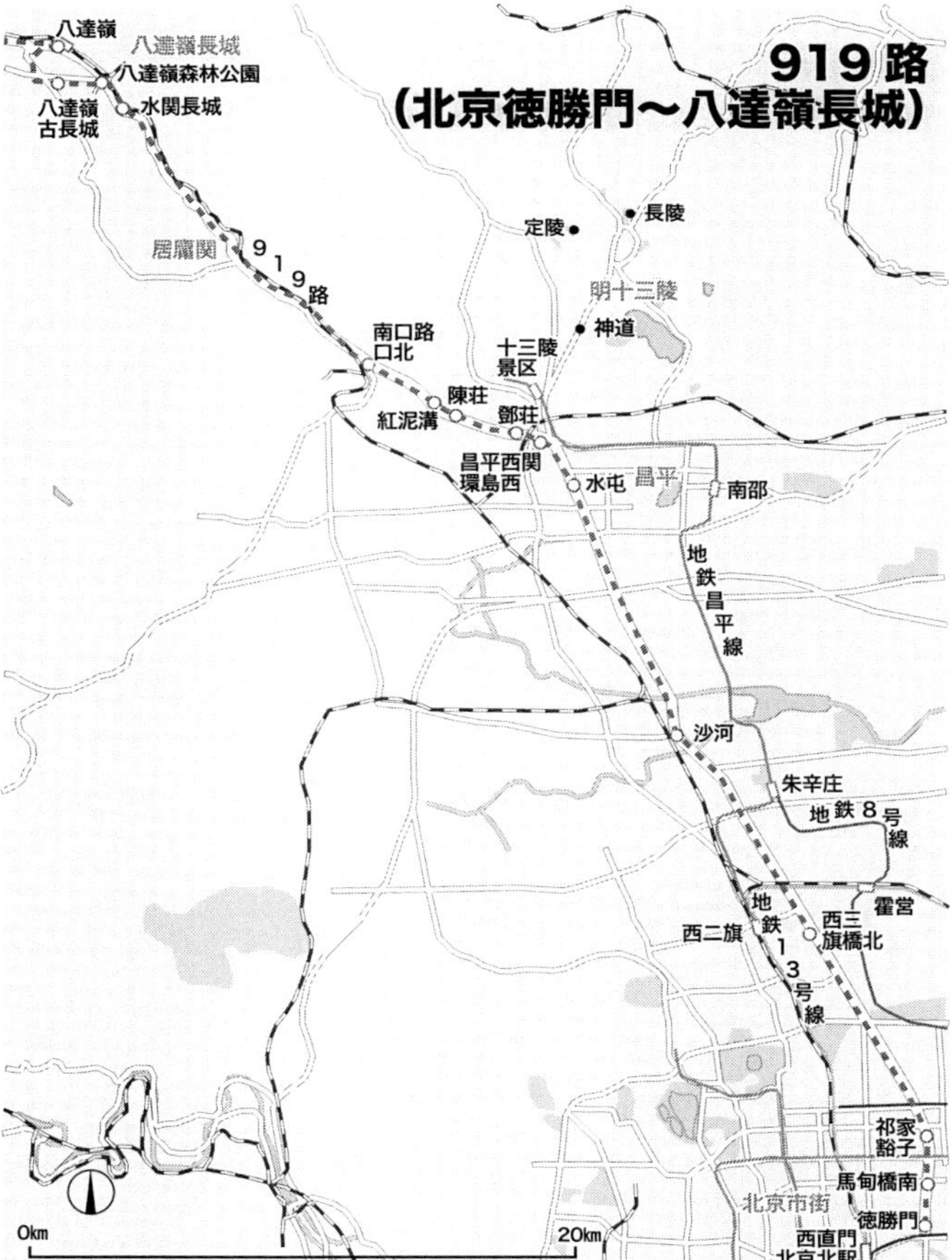
919路
(北京徳勝門～八達嶺長城)
八達嶺
八達嶺長城
八達嶺森林公園
八達嶺
古長城
水関長城
居庸関
919路
長陵
定陵
明十三陵
神道
南口路
口北
十三陵
景区
陳荘
紅泥溝
鄧荘
昌平西関
環島西
水屯
昌平
南邵
地鉄昌平線
沙河
朱辛庄
地鉄8号線
霍営
地鉄13号線
西二旗
西三
旗橋北
祁家
豁子
馬甸橋南
北京市街
徳勝門
西直門
北京北駅
0km
20km

が漢民族とモンゴル族の交差する地であることをご理解いただけると思います。

919路は何が難しい？？

さて、これまで王道であった「919路」と記しましたが、ではなぜ八達嶺長城直通の「877路」が登場することになったのでしょうか？　ひとつには観光客により便利なためという答えがあるでしょう。しかし、個人的に最大の理由は、「919路で八達嶺長城に行くのが難しかったから」だと思います。919路は延慶行きのバスだと述べましたが、実はこの919路

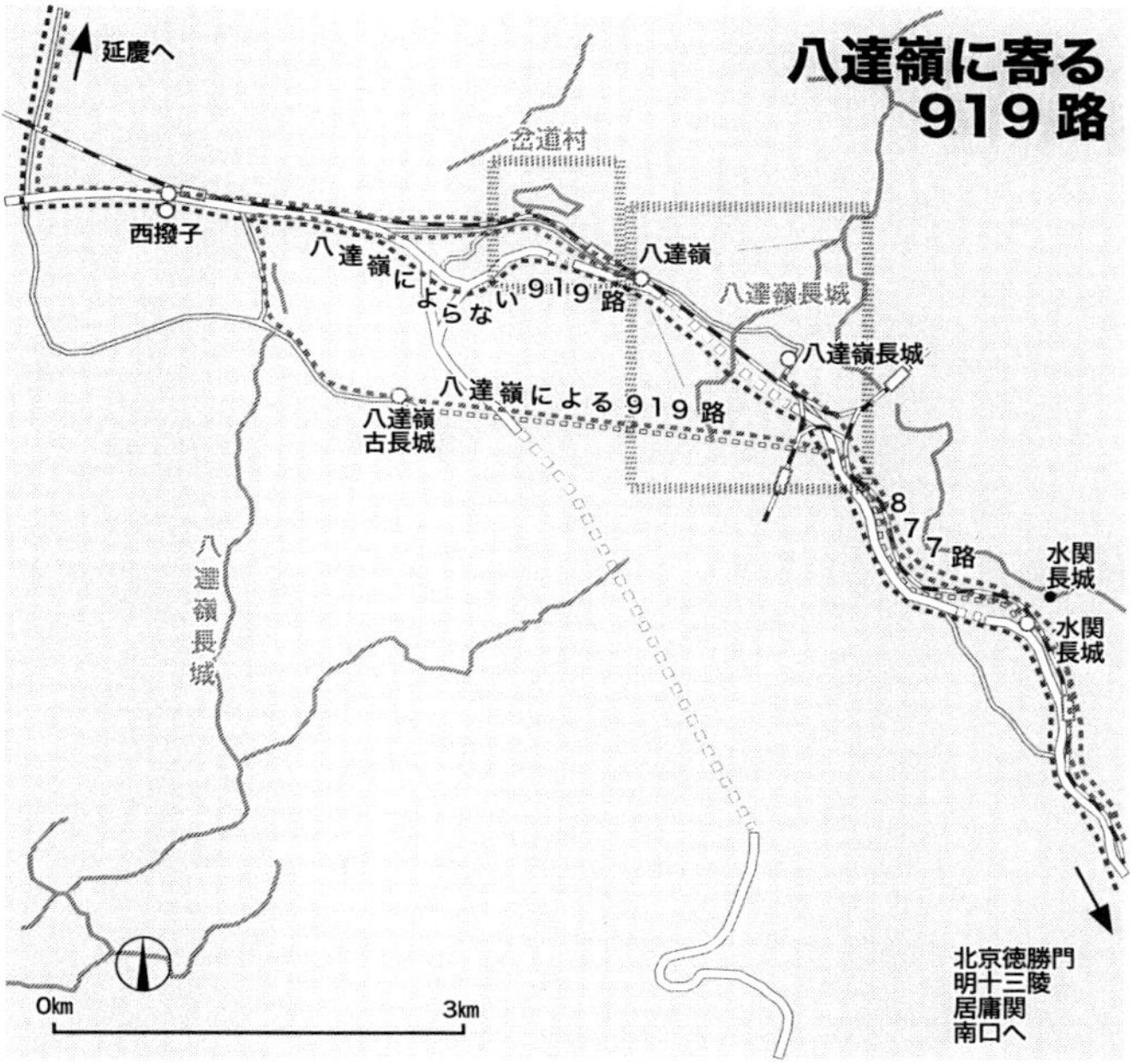

はバスによって行き先がずいぶんとバラバラで、すべての919路が八達嶺長城に行くわけではなかったのです。八達嶺長城に行く919路は、観光客の少ない午後に徳勝門で待ってみた感覚だと5対1、もしくはそれ以下の割合で八達嶺行きの919路は少ないのです（八達嶺長城行きの877路は午前だけなように、午後の八達嶺行き919路はとても少ない？）。なぜなら八達嶺長城が高速道路から微妙に外れているから。

「【地図】八達嶺に寄る919路」をご覧ください。919路で八達嶺長城に行かれたかたはよくご存知でしょうが、八達嶺長城は山塊のなかにありますので、ものすごく長いトンネルを走りつつ、一旦、山塊をぬけて、そこから（北京側に）戻るというルートをとります。そのため、北に向かっていたはずなのに、919路を降りると、南側にある八達嶺長城へ歩くということなるのです。

では八達嶺長城行きの919路はどこに？？

「877路」の登場で、旅の利便性がグンっとあがりましたが、やはりこの界隈の居庸関や明十三陵を旅する者にとっては「919路」が王道なのに違いはありません。877路はノンストップ過ぎて、居庸関への足がかりになる南口や明十三陵の足がかりになる昌平をすっ飛ばしてしまうからです。919路バスには快速とそうでないものがあり、ともに本数は少なくなくありません。しかし、徳勝門で次から次に来る919路バスのなかでも、八達嶺長城行きのものがなかなかこないのです（午後のこと)。「これは八達嶺長城へ行きますか？」「(運転手）行かない」「これは八達嶺長城へ行きますか？」「(運転手）行かない」「これは八達嶺長城へ行きますか？」「(運転手）行かない」の連続。ほとほと疲れた果てたときに、八達嶺行き919路は、普通の919路とは違う場所の徳勝門東側にポツンとたたずんでいたのです（「【地図】徳勝門」をご覧ください）。まさにポツンという言葉がこんなにぴったりくることはありませんでした。乗車した時間のせいか、通常の919路にくらべて、乗客もまばらな感じでした。そのため午後919路で八達嶺長城へ向かう旅人は、徳勝門を少しぶらぶら歩いてバスをお探しください。もしも八達嶺行きではない919路に乗ってしまった場合、「西撥子」で降りて4㎞東の八達嶺長城まで徒歩かタクシーで戻ることになります。

「(中国語で) 私は八達嶺長城に行きたい！」

ところで中国ではあまり英語は通じないし、中国語は発音が難しい・・・。これが万里の長城行きにあたって、ツアーやタクシーチャーターを利用したくなる最大の理由だと思います。でもご安心ください。中国では漢字が通じます（当たり前ですけど)。以下のリンク先にある［見せる中国語］を運転手にお見せください。そして バス乗車時に「这　公共汽车去　八达岭长城　吗?　チャー ゴンゴンチイチャァ チュウ バァダァリンチャァンチャン マ?（このバスは、八達嶺長城に行きますか？)」と尋ねてください。「去（チュウ)」「是的（シィイダ）」なら「行く」。「不去（ブゥチュウ）」なら「行かない」ので、ほかのバスをあたらなくてはなりません。インドと違って、「YES（はい）」ならば、中国人は日本人同様、首を縦にふってくれます（インド人のリキシャワーラーは、「YES」だと首を横にふったりします）。八達嶺長城は北京観光の大定番ですので、たとえ中国語がつたなくても、相手はこちらが何を言っているのか、すぐに理解してくれるでしょう。交通渋滞に巻き込まれなければ、普通でも1時間半ほどで八達嶺長城に着くことができるはずです。実は徳勝門で、万里の長城観光最大の難所「八達嶺行きのバスに乗れるかどうか」が訪れます。それをクリアしたなら、あとはバスでしばらくのあいだごゆっくりお休みください。

【いま北京徳勝門［アクセス情報］】

→つぎ八達嶺長城（877路、八達嶺行き919路）12元、1時間～1時間半程度

→つぎ明十三陵長陵（872路）10元、1時間～1時間半程度

→つぎ明十三陵石牌坊（昌平澗頭村まで872路）10元、1時間程度

→つぎ昌平北駅（徳勝門西から345路）8元、1時間程度

［DATA］919 路 jiǔ yāo jiǔ lù ジィウヤオジィウルウ

・【徳勝門→体育場小区（5 時 45 分～ 19 時）】【体育場小区→徳勝門（5 時～ 18 時半）】

・919 路停車駅（徳勝門　徳胜门ー馬甸橋南　马甸桥南ー祁家豁子　祁家豁子ー西三旗橋北　西三旗桥北ー沙河　沙河ー水屯　水屯ー昌平西関環島　西昌平西关环岛西ー鄧荘　邓庄ー陳荘　陈庄ー紅泥溝　红泥沟ー南口路口北　南口路口北ー水関長城　水关长城ー八達嶺森林公園　八达岭森林公园ー八達嶺古長城　八达岭古长城ー八達嶺　八达岭ーーーーー体育場小区　体育场小区～）

・徳勝門から八達嶺長城まで12元、徳勝門から体育場小区まで17元

・京張路口北 京张路口北行きの919快は（徳勝門 德胜门一馬甸橋南 马甸桥南一西拨子 西撥子）と停まり、八達嶺には寄らない。

这 公共汽车
去 八达岭长
城 吗？
[見せる中国語]
zhè gōng gòng qì chē qù
bā dá lǐng cháng chéng ma?
チャー ゴンゴンチイチャァ チュウ
バァダァリンチャァンチャン マ？
このバスは、
八達嶺長城に行きますか？

1日でダブル世界遺産

万里の長城と明十三陵は
1日で旅できる？
ルールをきちんと守ったら可能です

1日でダブル世界遺産

八達嶺長城と明十三陵は、1日でまわれる？　海外旅行はじめてだけど・・・。という質問にお答えします。答えは「まわれます」です。けれども、かぎかっこの条件がつきます。まず八達嶺長城と明十三陵はそれぞれ郊外に位置しますから、なにかのトラブルに巻き込まれて、帰るのが遅くなってしまったり、不慮の事態におちいった場合、ひとりで北京市街へ帰ってこれない、というリスクもあるということです。また明十三陵は、長陵、定陵、昭陵、神道、石牌坊など広域に点在していますから、それをひとつずつまわっていては、旅の猛者以外、ダブル世界遺産を1日では見れません。そのため、1日でダブル世界遺産をまわる条件を3つあげたいと思います。その1、朝イチ行動で開場時間にあわせてひとつめの世界遺産に入る。その2、昼12時には次の世界遺産へ向かっている（ひとつめの世界遺産は3時間以内ですます）。その3、明十三陵は上位2つか3つにしぼって観光する。以上が鉄則です。以上を守れば、路線バスのみを利用しても、1日でダブル世界遺産を楽しむことができるはずです。自信がなければ1日ひとつの世界遺産にしておくことが無難だと思います。明の十三陵、八達嶺長城ともに4～10月は8時、

▲左　これが大紅門、ここから先は皇帝も馬から降りて歩いた。　▲右　横に広く広がるバスターミナルの昌平東関

11～3月は8時半から開くのがほとんどですので、その2時間前にホテルを出発する心構えが必要です。

旅のひと知恵

では、八達嶺長城と明十三陵のまわりかたを考えてみましょう。これらの世界遺産は、4～10月の春夏と11～3月の秋冬、長城と明十三陵で、オープン時間（価格も）が違うことを念頭に入れておく必要があります。八達嶺長城は「朝早く、春夏は夜遅い（春夏8～18時）、冬は夜早い」、明十三陵は「バラバラに点在していて、朝8時か8時半に開くけど、夜早い」

という特徴があります。そして、上記の事情と、乗り継ぎの複雑さや観光の手間を考えると、先に明十三陵に行ってから、あとで八達嶺長城に行ったほうが少しラクチンかな、と思います。北京徳勝門から「◉ 872 路」で明十三陵の長陵（10 元）。長陵から「◉ 879 路」で八達嶺長城（9 元）。八達嶺長城から「◉ 877 路」で北京徳勝門（12 元）。以上がすべて始発→終点でラクチン＆安あがりな路線バスおすすめルートになります。

【MEMO】

CHINA
長城

まず昌平
そこから
明十三陵

広域に点在する明十三陵遺跡群
すべてまわるとかなり大変
ふたつか3つチョイスしましょう

明十三陵へ

はじめにお断りしたいと思いますが、現地調査時点では徳勝門から明十三陵の定陵や長陵への直通バス「872路」があるとは知りませんでした。同様に、八達嶺長城と明十三陵を結ぶ「879路」があることも知りませんでした。そのため、何度か万里の長城と明十三陵に足を運び、あのあたりを路線バスでうろちょろしてきたものの、872路と879路のこのふたつの路線バスに関しては実際には乗っていない伝聞情報であることをお許しください。ただし、このふたつの路線は旅人にとって「百人力」とも言える路線であることに間違いありません。先ほど1日でダブル世界遺産行けるの？　と記しましたが、879路使えば楽勝じゃ・・・？　と個人的には思います。もうひとつ言いますと、2015年に開通した地鉄昌平線が明十三陵近く（十三陵景区）まで延伸し、これに乗ると、地下鉄で明十三陵に行けてしまうのです。ちょっと遠いけど、明十三陵が頤和園や天壇公園と同じ利便性、安さで行ける。これは北京観光の革命と言えそうですね。「西直門」から13号線、「西二旗」で昌平線に乗り換えて「十三陵景区」下車。乗車時間は58分です。

［DATA］872路 bā qī èr lù バアチイアアルウ

・【徳勝門→長陵（朝7時～夜20時10分）】【長陵→徳勝門（朝5時半～夜19時）】

・872路停車駅（徳勝門　徳胜门一馬甸橋南　马甸桥南一水屯水屯一西環南路　西环南路一昌平西關環東島　昌平西关环东岛一明皇蠟像宮東門　明皇蜡像宫东门一昌平澗頭村　昌平涧头村一大宮門　大宫门一南新村　南新村一昌平王莊　昌平王庄一昌平胡莊　昌平胡庄一七孔橋　七孔桥一定陵道口　定陵道口一定陵　定陵一長陵　长陵）

・徳勝門から長陵まで10元

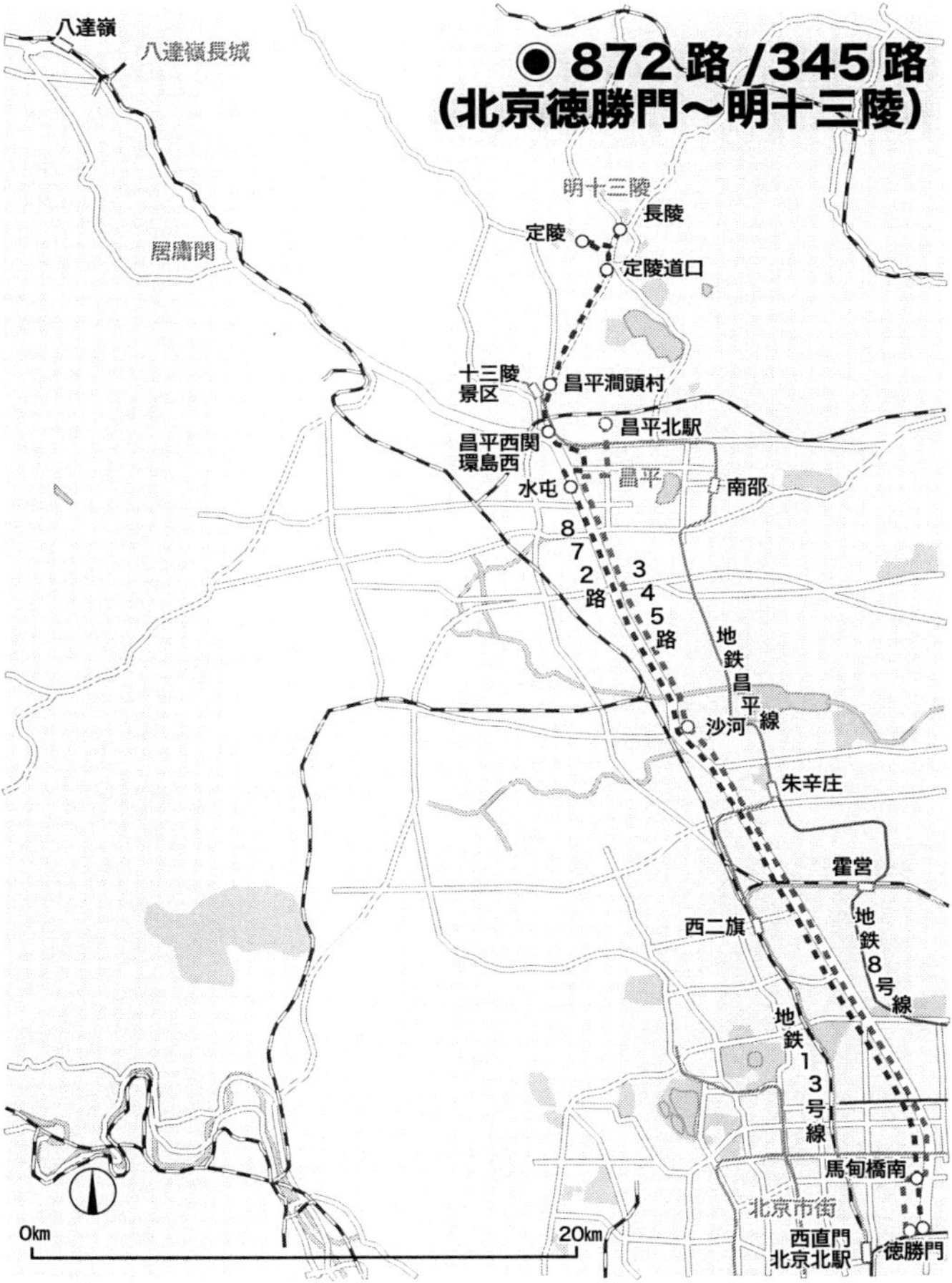
◉ 872路/345路
(北京徳勝門～明十三陵)
八達嶺
八達嶺長城
居庸関
明十三陵
長陵
定陵
定陵道口
十三陵
景区
昌平澗頭村
昌平北駅
昌平西関
環島西
水屯
昌平
南邵
872路
345路
地鉄昌平線
沙河
朱辛庄
霍営
西二旗
地鉄8号線
地鉄13号線
馬甸橋南
北京市街
西直門
北京北駅
徳勝門
0km
20km

明十三陵どこまわる??

明十三陵は北京に都のあった明朝の13人の皇帝がまつられています。そのなかで「3人の皇帝の墓」と「神道」が観光地として公開されており、石牌坊、大紅門は野ざらし状態で見ることができます。中心にある長陵が北京に遷都し、紫禁城（故宮）を築いた「皇帝のなかの皇帝」永楽帝のものです。明十三陵をすべてまわると1日がかりになりますので、ダブル世界遺産に挑戦したい旅人には優先順位をつける必要があります。各地に点在する明の十三陵ですが、個人的な優先順位をつけておくと、①地下宮殿が見られる「定陵」、②巨大

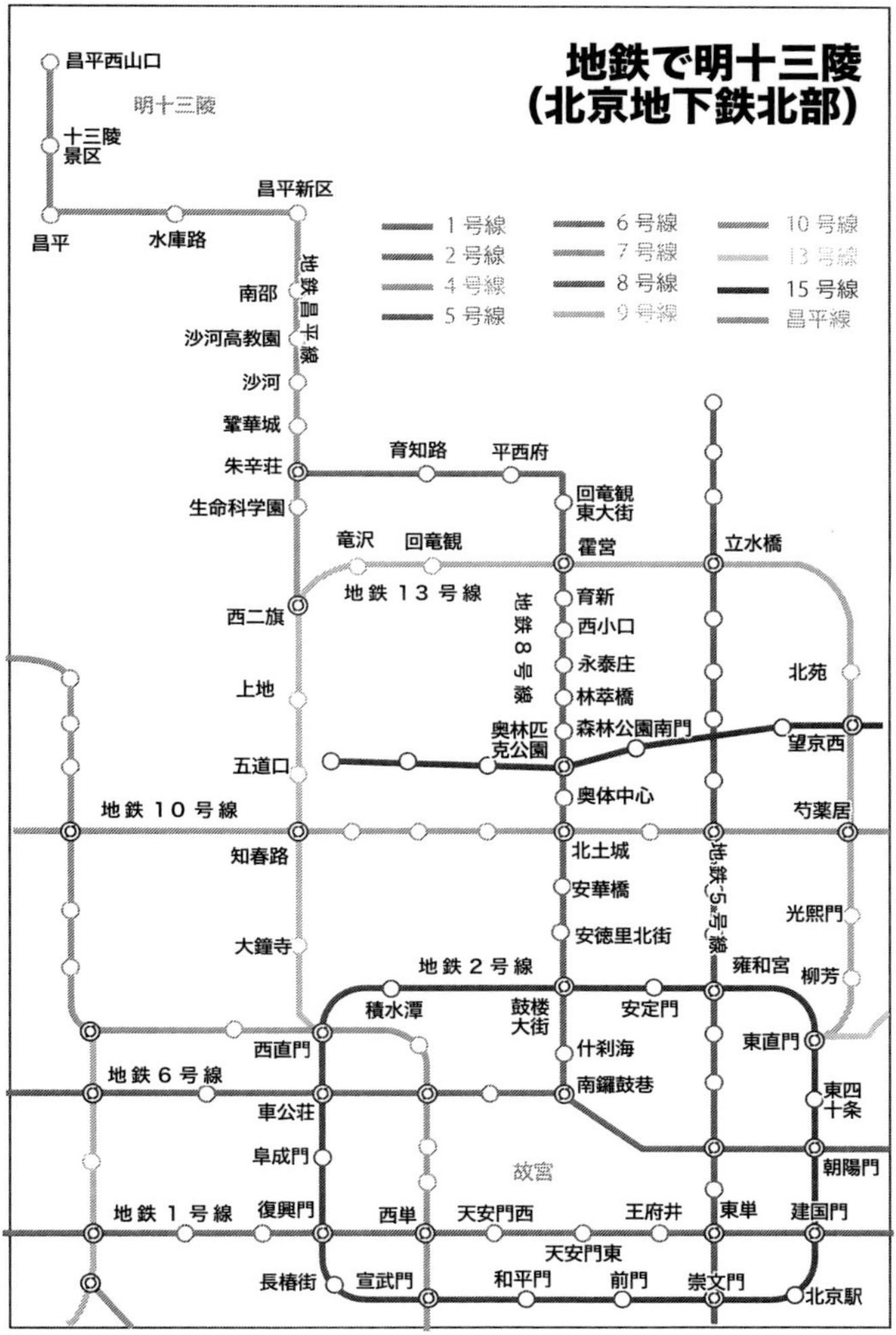
地鉄で明十三陵
(北京地下鉄北部)
1号線
2号線
4号線
5号線
6号線
7号線
8号線
9号線
10号線
13号線
15号線
昌平線
昌平西山口
明十三陵
十三陵
景区
昌平
水庫路
昌平新区
地鉄昌平線
南邵
沙河高教園
沙河
鞏華城
朱辛荘
生命科学園
育知路
平西府
回竜観
東大街
竜沢
回竜観
霍営
立水橋
地鉄 13 号線
西二旗
育新
西小口
永泰庄
林萃橋
地鉄8号線
上地
北苑
奥林匹
克公園
森林公園南門
望京西
五道口
奥体中心
地鉄 10 号線
芍薬居
知春路
北土城
安華橋
地鉄5号線
光熙門
大鐘寺
安徳里北街
地鉄 2 号線
雍和宮
柳芳
積水潭
鼓楼
大街
安定門
東直門
西直門
什刹海
地鉄 6 号線
南鑼鼓巷
東四
十条
車公荘
阜成門
朝陽門
故宮
地鉄 1 号線
復興門
西単
天安門西
王府井
東単
建国門
天安門東
長椿街
宣武門
和平門
前門
崇文門
北京駅

な稜恩殿が見られる「長陵」、③神獣が見られる「神道」の順番になります。ほんとは超個人的な趣味を言うと2位と3位は逆転しますが、そのあたりはご自身の嗜好にあわせてお選びください。

明十三陵おすすめ歩き

872路でいきなり徳勝門から長陵へビュン。そこから歩いたり、タクシーで観光。もちろんこれでもいいと思います。ただし、です。中国皇帝の陵墓は、入り口から奥にいたるまでに空間的な意味合いをもたせたり、そこにたどり着くまでの仕掛けのようなものがありますので、時間のないかた以外、いきなり長陵や定陵に行くのはもったいないと思います。872路で明十三陵を目指すなら、「大宮門」で下車して、ぜひとも神道を歩いていただきたいのです。その前の石牌坊を見るなら、「昌平澗頭村」下車。ちなみに2015年開通の地鉄昌平線「十三陵景区」は、石牌坊から観光をはじめるのに最適な場所に位置します。大紅門から先は、かつて皇帝でも馬から降りて2本の足で歩かなければならなかったそうです。そんな世界をぜひとも味わっていただければと思います。徳勝門から大宮門までは少し余裕を見て1時間半、そこから神道を歩いたりバスに乗ったりで長陵か定陵に着くまで1時間ほどと計算してみるといいかもしれません。

昌平東関

さてここからは、先に八達嶺長城や居庸関を見てから、明十三陵を観光したい、またなんとなく昌平にいたという旅人のためのルートをご紹介します。まず明十三陵のある行政区を昌平区と言い、その中心が昌平です。北京中心部は東城区や西城区、少し北西は海淀区、東側は朝陽区、八達嶺長城が位置するのは延慶という具合です。この昌平で路線バスが集

▲左　十三陵の陵墓にはこのような乗りものも待機している。　▲右　極彩色で彩られた明代の扁額

まるのが､｢昌平北駅(鉄道駅の昌平北駅前)｣と｢昌平東関｣｢昌平西関環島西」の３か所になります。北京徳勝門から昌平へ伸びる「345 路」に乗った場合に着くのが、「昌平北駅」、八達嶺長城方面南口から昌平行きの「357 路」の終点が「昌平東関」、そして「919 路」との乗り換えバス停が「昌平西関環島西」です。北京徳勝門から昌平へ来た場合、八達嶺長城方面南口から昌平に来てそこから明十三陵へ向かう場合は、「314 路」に乗ります。314 路は昌平東関から昌平北駅を通って明十三陵へ向かいますので、このバスに乗って明十三陵をどうまわるかを考えていただければと思います。

［DATA］314路 sān yāo sì lù サンヤオスウルウ

・【昌平東関→長陵(朝6時〜夕方19時)】【長陵→昌平東関(朝6時〜19時40分)】

・314路停車駅（昌平東関　昌平东关一中国政法大学　中国政法大学一東環北路　东环北路一東環北路北口　东环北路北口一昌平北駅西　昌平北站西一西環北路　西环北路一西環中路　西环中路一昌平西関　昌平西关一明皇蝋像宮東門　明皇蜡像宫东门一昌平澗頭村　昌平涧头村一大宮門　大宫门一南新村　南新村一昌平胡荘　昌平胡庄一七孔橋　七孔桥一定陵道口　定陵道口一定陵　定陵一長陵　长陵）

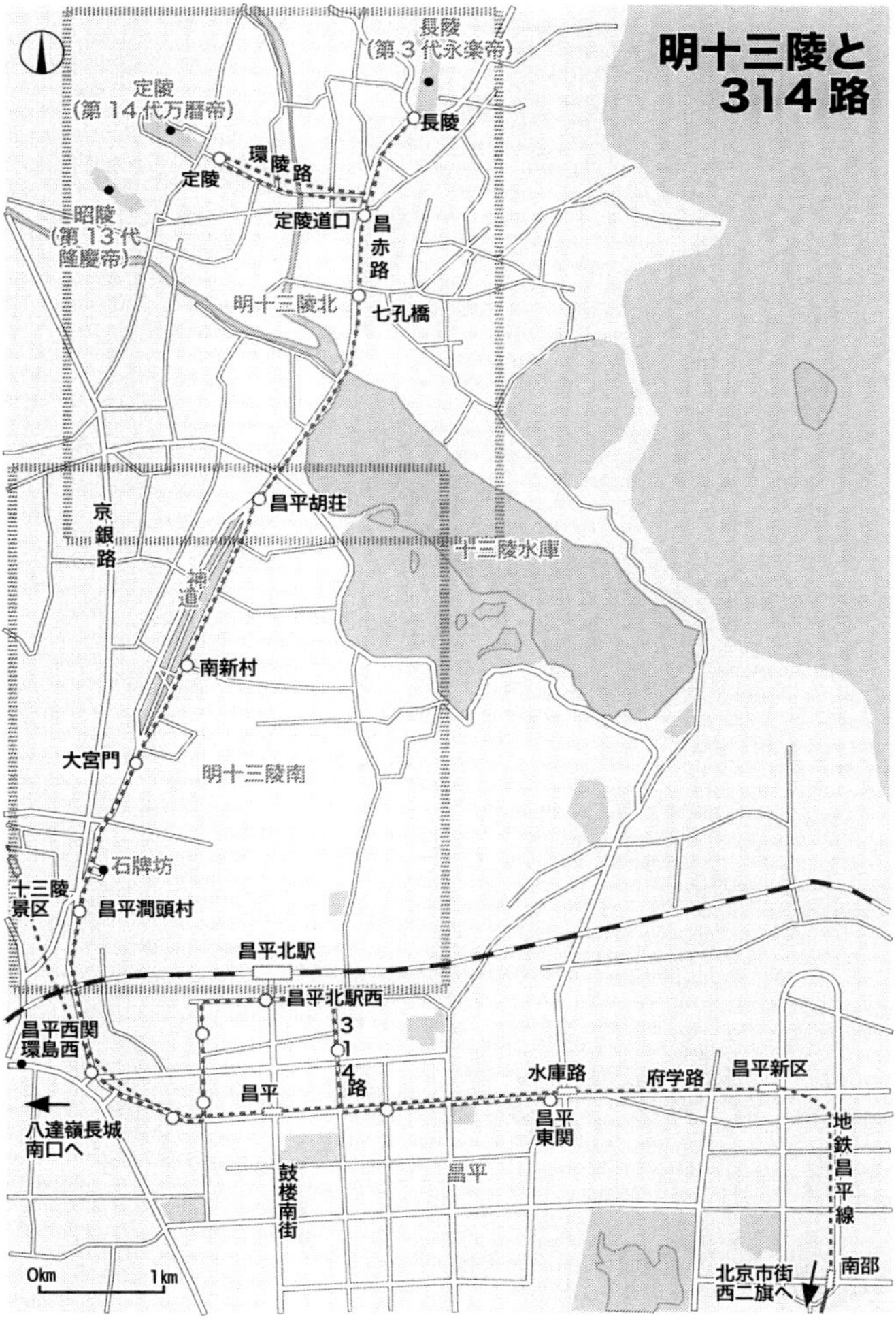
明十三陵と
314路
長陵
(第3代永楽帝)
長陵
定陵
(第14代万暦帝)
定陵
環陵路
昭陵
(第13代
隆慶帝)
定陵道口
昌赤路
明十三陵北
七孔橋
十三陵水庫
昌平胡荘
京銀路
神道
南新村
大宮門
明十三陵南
石牌坊
十三陵
景区
昌平澗頭村
昌平北駅
昌平北駅西
314路
昌平西関
環島西
昌平
水庫路
府学路
昌平新区
昌平
東関
八達嶺長城
南口へ
鼓楼南街
昌平
地鉄昌平線
南部
北京市街
西二旗へ
0km
1km

・昌平東関から長陵まで4元

【いま昌平北駅［アクセス情報］】

→つぎ◉八達嶺長城方面南口（昌平南大街まで行って357路）

→つぎ長陵（昌平北駅西から314路）

→つぎ定陵（昌平北駅西から314路）

→つぎ石牌坊（昌平北駅西から314路で昌平澗頭村）

→つぎ◉北京徳勝門（345路）

【いま昌平東関［アクセス情報］】

→つぎ◉八達嶺長城方面南口（357路）

→つぎ長陵（314路）

→つぎ定陵（314路）

→つぎ石牌坊（314路で昌平澗頭村）

→つぎ◉北京徳勝門（昌平北駅まで行って345路）

→つぎ昌平北駅（314路で昌平北駅西）

CHINA
長城

見て
歩こう
明十三陵

明十三陵の各バス停を徹底攻略
思い切ってここから
タクシーをチャーターするのもあり

DATA「石牌坊 石牌坊 **shí pái fāng シィパイファン」**

野ざらし

【いま石牌坊（昌平澗頭村・十三陵景区）［アクセス情報］】

→つぎ大宮門（314路、878路、879路）

→つぎ昌平胡荘（314路、878路、879路）

→つぎ長陵（314路、878路、879路）

→つぎ定陵（314路、879路）

→つぎ昌平北駅（314路）

→つぎ昌平東関（314路）

→つぎ◉八達嶺長城（879路）

→つぎ◉北京徳勝門へ（872路）

［DATA］大紅門 大红门 **dà hóng mén ダァホンメン**

・野ざらし

［DATA］神道 神道 **shén dào シェンダオ**

・4～10月は朝8時半～夕方17時半（35元）

・11～3月は朝8時半～夕方16時半（25元）

・長陵・定陵・昭陵・神道の共通券135元であり。

【いま大宮門（神道南）［アクセス情報］】

→つぎ昌平胡荘（314路、878路、879路）

→つぎ長陵（314路、872路、878路、879路）

→つぎ定陵（314路、872路、879路、昌67路）

→つぎ石牌坊（314路、878路、879路で昌平澗頭村）

→つぎ昌平北駅（314路）

→つぎ昌平東関（314路）

→つぎ◉八達嶺長城（879路）

→つぎ◉北京徳勝門（872路）

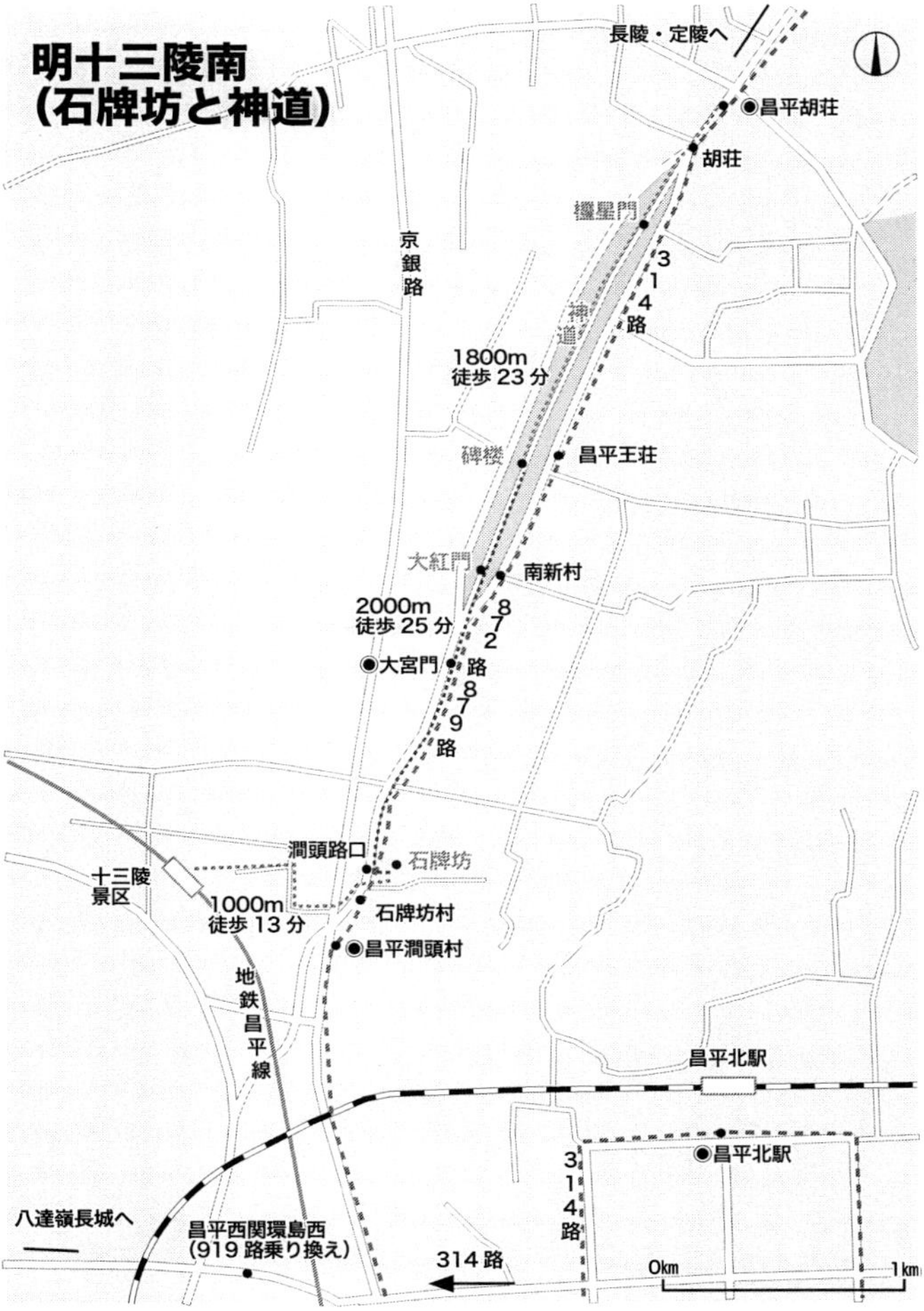
明十三陵南
(石牌坊と神道)
長陵・定陵へ
昌平胡荘
胡荘
欞星門
314路
京銀路
神道
1800m
徒歩 23 分
碑楼
昌平王荘
大紅門
南新村
2000m
徒歩 25 分
872路
大宮門
879路
澗頭路口
石牌坊
十三陵
景区
1000m
徒歩 13 分
石牌坊村
昌平澗頭村
地鉄昌平線
昌平北駅
昌平北駅
314路
八達嶺長城へ
昌平西関環島西
(919 路乗り換え)
314 路
0km
1km

【いま昌平胡荘（神道北）［アクセス情報］】

→つぎ長陵（314 路、872 路、878 路、879 路）

→つぎ定陵（314 路、872 路、879 路、昌 67 路）

→つぎ大宮門（314 路、872 路、878 路、879 路、昌 67 路）

→つぎ石牌坊（314 路、878 路、879 路で昌平澗頭村）

→つぎ昌平北駅（314 路）

→つぎ昌平東関（314 路）

→つぎ◉八達嶺長城（879 路）

→つぎ◉北京徳勝門（872 路）

▲左　黄色の瑠璃瓦で屋根をふかれた長陵、故宮をつくった永楽帝が眠る。
▲右　神道におかれたラクダの彫刻

［DATA］長陵 长陵 **cháng líng チャンリン**

・4 ～ 10 月は朝 8 時～夕方 17 時（50 元）

・11 ～ 3 月は朝 8 時半～夕方 16 時半（35 元）

・長陵・定陵・昭陵・神道の共通券 135 元であり。

【いま長陵［アクセス情報］】

→つぎ定陵（314 路、872 路、879 路）

→つぎ昌平胡荘（314 路、872 路、878 路、879 路）

→つぎ大宮門（314 路、872 路、878 路、879 路）

→つぎ石牌坊（314 路、878 路、879 路で昌平澗頭村）

→つぎ昌平北駅（314路）

→つぎ昌平東関（314路）

→つぎ◉八達嶺長城（879路）

→つぎ◉北京徳勝門（872路）

［DATA］**定陵** 定陵 **dìng líng ディンリン**

・4～10月は朝8時～夕方17時半（65元）

・11～3月は朝8時半～夕方17時（55元）

・長陵・定陵・昭陵・神道の共通券135元であり。

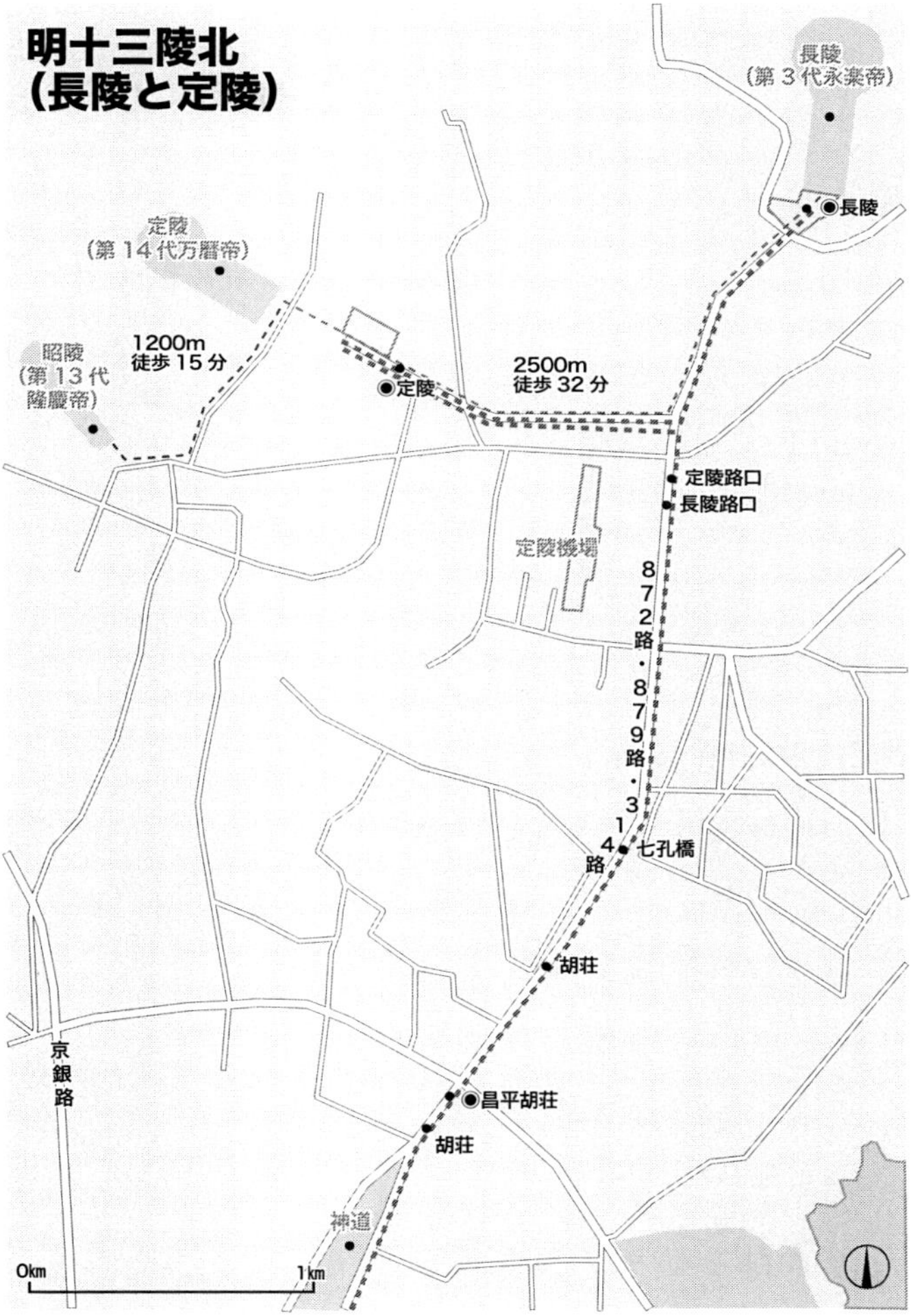
明十三陵北
(長陵と定陵)
長陵
(第３代永楽帝)
長陵
定陵
(第14代万暦帝)
1200m
徒歩15分
昭陵
(第13代
隆慶帝)
定陵
2500m
徒歩32分
定陵路口
長陵路口
定陵機場
872路・879路・314路
七孔橋
胡荘
京銀路
昌平胡荘
胡荘
神道
0km
1km

【いま定陵（昭陵）［アクセス情報］】

→つぎ長陵（314 路、872 路、879 路）

→つぎ昌平胡荘（314 路、872 路、879 路、昌 67 路）

→つぎ大宮門（314 路、872 路、879 路、昌 67 路）

→つぎ石牌坊（314 路、879 路で昌平澗頭村）

→つぎ昌平北駅（314 路）

→つぎ昌平東関（314 路）

→つぎ◉八達嶺長城（879 路）

→つぎ◉北京徳勝門（872 路）

［DATA］**昭陵** 昭陵 **zhāo líng チャオリン**

・4 ～ 10 月は朝 8 時～夕方 17 時半（35 元）

・11 ～ 3 月は朝 8 時半～夕方 17 時（25 元）

・長陵・定陵・昭陵・神道の共通券 135 元であり。昭陵～定陵は 1200m、徒歩 15 分でバス停は定陵を使う。

あるいはサクッと観光

明十三陵には観光客目当てのタクシー、リキシャドライバーもいますので、そこで車をチャーターするといいかもしれません。路線バスで旅しようと言いつつ、実は二度目の明十三陵では昌平東関でタクシーをチャーターし、石牌坊（10分）、大紅門（10分）、神道（35分）、長陵（40分）、定陵（40分）、昭陵（20分）をだいたい3時間150元でまわってもらいました。三輪のリキシャも観光客目あてに客待ちしていました（あまり北京市街では見ないタイプの三輪リキシャです）。大体長陵〜定陵ひと乗り10元程度から。中国を代表する観光地だけに、タクシーやリキシャは結構走っています。

［見せる中国語］wǒ xiǎng qù shí pái fāng
ウォオシィアンチュウ・シイパイファン
私は石牌坊へゆきたい
我想去
石牌坊

[見せる中国語] wǒ xiǎng qù shén dào

ウォオシィアンチュウ・シェンダオン

私は神道へゆきたい

我想去神道

[見せる中国語] wǒ xiǎng qù zhǎng líng
ウォオシィアンチュウ・チャァンリン
私は長陵へゆきたい
我想去
长陵

[見せる中国語] wǒ xiǎng qù dìng líng
ウォオシィアンチュウ・ディンリン
私は定陵へゆきたい

我想去定陵

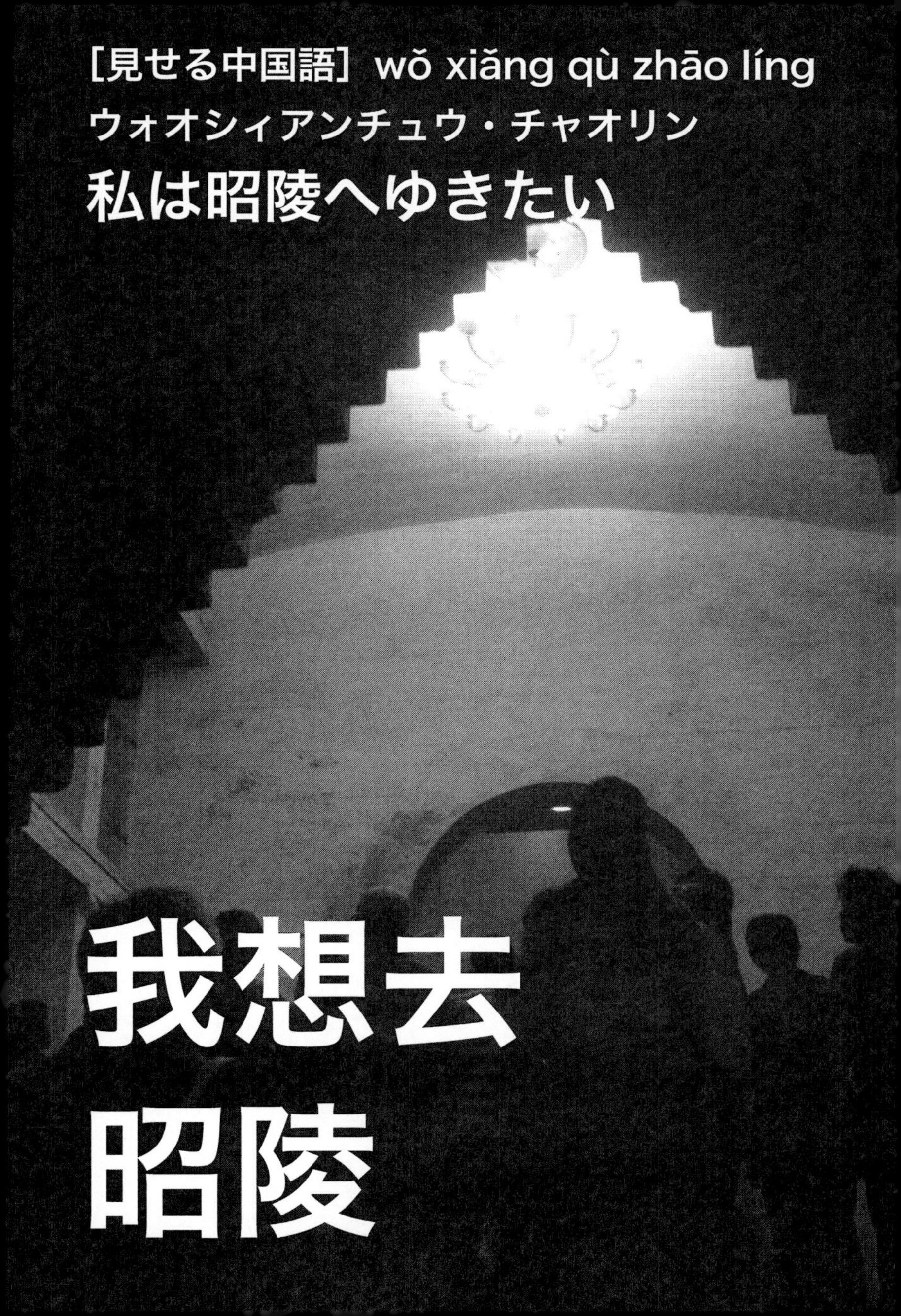

［見せる中国語］wǒ xiǎng qù zhāo líng

ウォオシィアンチュウ・チャオリン

私は昭陵へゆきたい

我想去
昭陵

CHINA
長城

南口経由
八達嶺～
明十三陵

長い長いトンネルを抜けた
その先には・・・
ふたつの世界遺産間の移動はお早めに

さあ移動しよう

北京郊外のダブル世界遺産をまわる旅。ハイライトと言えるのが明十三陵から八達嶺長城（あるいはその逆）への移動です。最初に記しましたが、ダブル世界遺産を１日でまわる場合、昼の12時には次の世界遺産へのアクションを起こしていないと厳しいと思います。ところで現在では879路という観光客に打ってつけの路線バスが走っているようですので、これに乗ってしまえばあっさりと次の目的地に着いてしまいます。前述の通り、この879路には実際乗っていませんが、同じルートを何度か往復した点、距離を踏まえると１時間ほどで到着できるでしょう。バスの待ち時間、その他をあわせてどちらかひとつの世界遺産からもうひとつの世界遺産までのドア・トゥ・ドアは2時間と見ておくとよいかもしれません。12時に出たら14時に着けるイメージです。

［DATA］879路 bā qī jiǔ lù バアチイジィウルウ

・【長陵→八達嶺（朝8時〜夕方16時)】【八達嶺→長陵（朝9時半〜夕方17時半)】

・879路停車駅（長陵　长陵ー定陵　定陵ー定陵道口　定陵道口七孔橋　七孔桥ー昌平胡荘　昌平胡庄ー昌平王荘　昌平王庄ー

南新村　南新村ー大宮門　大宮门ー昌平澗頭村　昌平涧头村ー明皇蝋像宮東門　明皇蜡像宫东门ー昌平西関環島西　昌平西关环岛西ー鄧荘　邓庄ー陳荘　陈庄ー紅泥溝　红泥沟ー南口路口北　南口路口北ー居庸関長城　居庸关长城ー水関長城　水关长城ー八達嶺森林公園　八达岭森林公园ー八達嶺長城　八达岭长城ー八達嶺古長城　八达岭古长城ー八達嶺　八达岭）

・長陵から八達嶺まで9元

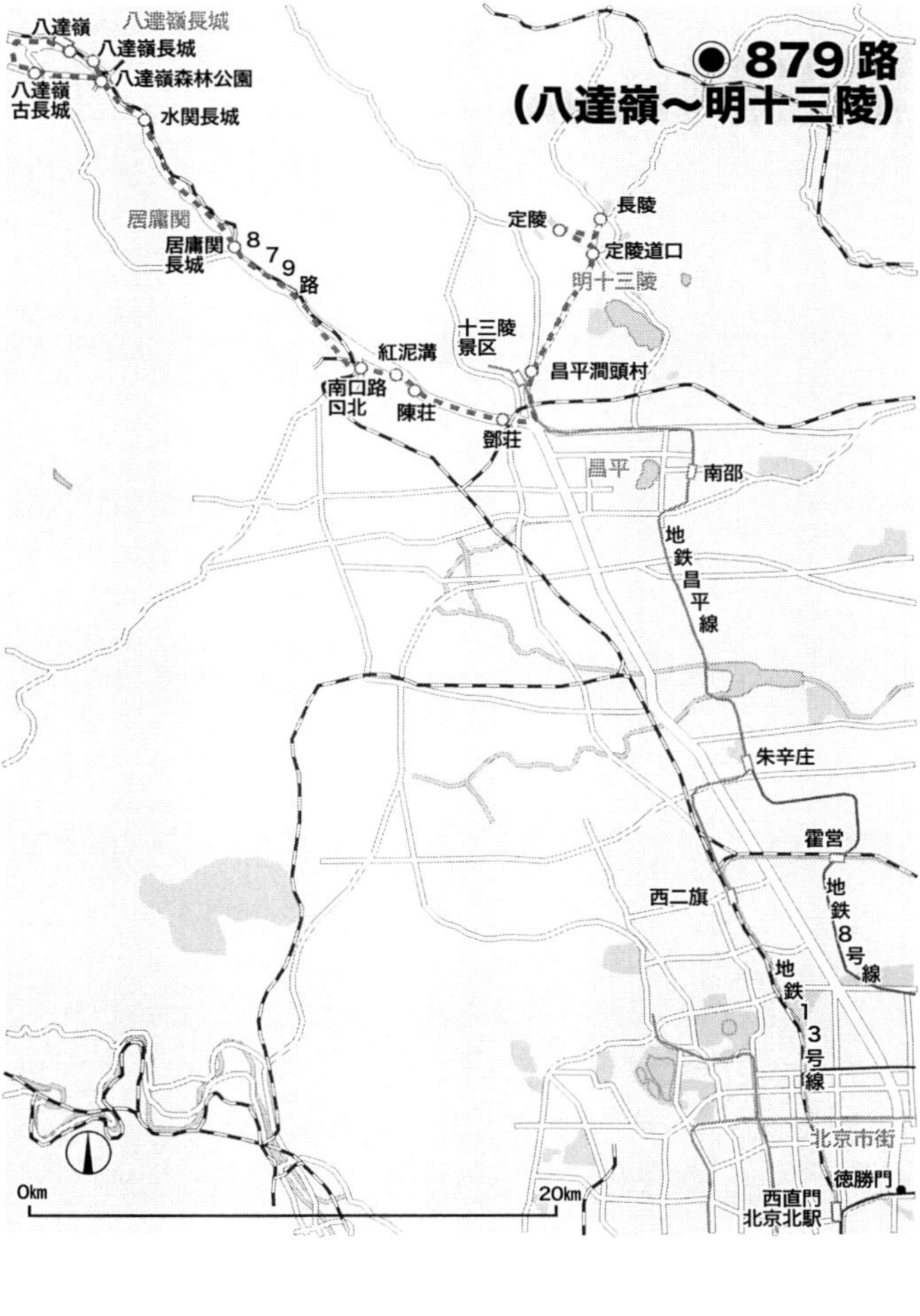
◉879路
(八達嶺～明十三陵)
八達嶺
八達嶺長城
八達嶺長城
八達嶺森林公園
八達嶺
古長城
水関長城
居庸関
居庸関
長城
879路
紅泥溝
南口路
口北
陳荘
鄧荘
十三陵
景区
昌平澗頭村
定陵
長陵
定陵道口
明十三陵
昌平
南邵
地鉄昌平線
朱辛庄
霍営
地鉄8号線
西二旗
地鉄13号線
北京市街
徳勝門
西直門
北京北駅
0km
20km

南口経由で自力移動

さて何らかの事情で、観光客向けの879路を利用できなかったという旅人のための情報です。八達嶺長城方面の南口と、明十三陵方面の昌平東関を結ぶ「357路」という路線バスがあります。二車両連結の357路に乗り、昌平東関から南口路口南（南口東大街）まで30分ちょいの距離でした。南口はこのあたりのバスが集まるターミナル的なバス停になっていまして、ひとつの交差点に、居庸関方面、八達嶺長城方面、明十三陵方面の路線バスが集まってくるのです。行き先によって乗り場と駅名は少し異なりますので、「【地図】南口」

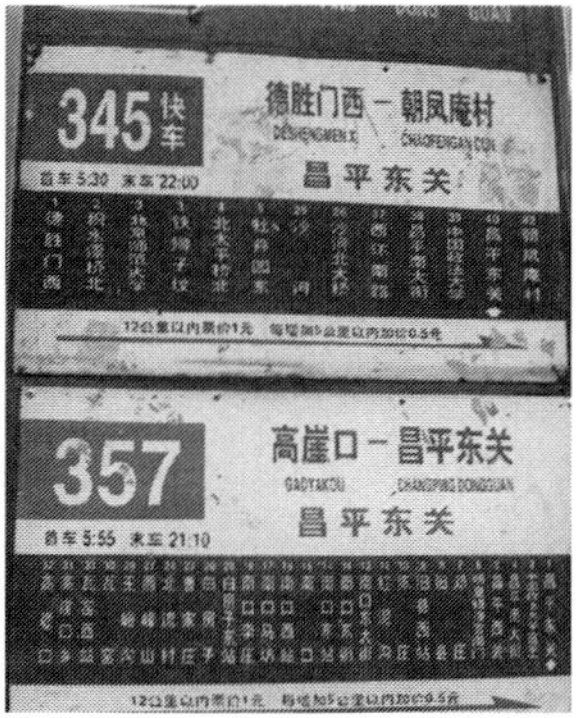

▲左　居庸関の彫刻、首都を守るこのあたりの防衛本部だった。　▲右　簡体字で書かれた表示を注視したい

をご覧いただけたらと思います。357路で南口路口南（南口東大街）に降りてから919路のバス停がある南口路口北（南口環島）までほんの少し歩きます。919路のバスが来たら、八達嶺はもう少し。ところが長い峡谷のなかを走るので、ここから30分程度の時間を要します。こんな長いトンネルはじめて走った、ぐらい長いトンネルを走ることになります。このルートでも同じくダブル世界遺産のドア・トゥ・ドアで2時間を見ておけば大丈夫だと思います。

何重もの防御壁

ところでこの「南口」という地名はぜひとも憶えていただけたらと思います。万里の長城はものすごく巨大な山塊に沿って築かれていまして、その巨大な山塊をくり抜くように街道が走ります。その山塊の北側出口が「八達嶺長城」、中央部でこのあたりの長城の本部的存在が「居庸関」、そして南側出口が「南口」。だから南口なんです。重厚な山塊を利用し、何重もの防御態勢で北京を守る。そんな感じが伝わってきますよね。

【MEMO】

【いま南口［アクセス情報］】

→つぎ八達嶺長城（南口路口北から919路、879路）

→つぎ明十三陵（南口路口北から879路で長陵ほか、南口路口南から357路で昌平東関）

→つぎ居庸関長城（南口市場から昌68路で居庸関・居庸関公交場駅、南口路口北から879路で居庸関長城）

→つぎ北京徳勝門（南口路口北から919路）

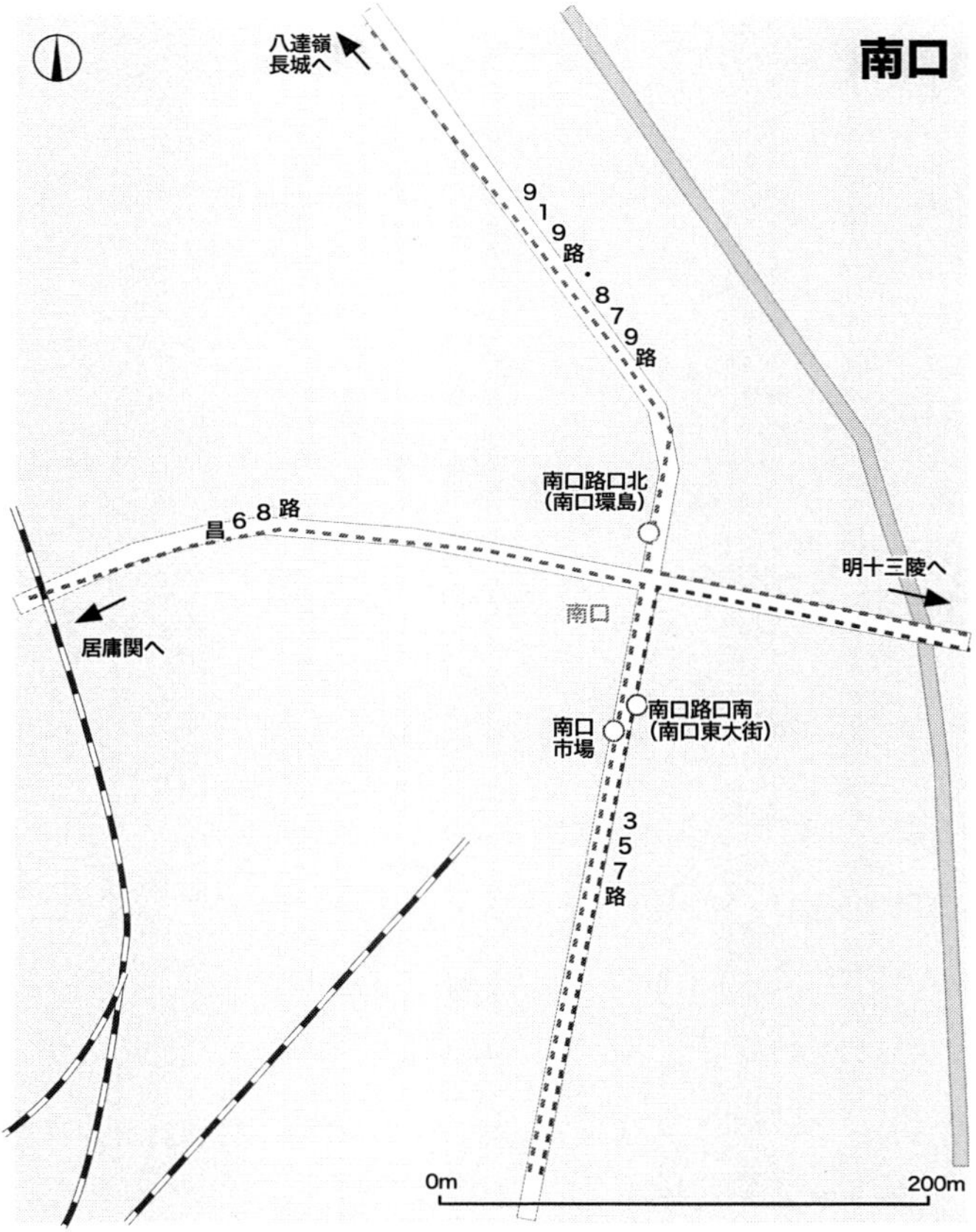

南口
八達嶺
長城へ
919路・879路
南口路口北
（南口環島）
昌68路
明十三陵へ
南口
居庸関へ
南口路口南
（南口東大街）
南口
市場
357路
0m
200m

［DATA］357路 sān wǔ qī lù サンウウチイルウ

・【昌平東関→高崖口（朝5時～夜20時10分)】【高崖口→昌平東関（朝5時55分～夜21時10分)】

・357路停車駅（昌平東関　昌平东关一中国政法大学　中国政法大学一昌平南大街　昌平南大街一昌平西関　昌平西关一昌平西関環島西　昌平西关环岛西一鄧荘　邓庄一旧県　旧县一旧県西駅　旧县西站一陳荘　陈庄一紅泥溝　红泥沟一南口路口南　南口路口南一一一一一高崖口　高崖口へ）

・昌平東関から高崖口まで6元

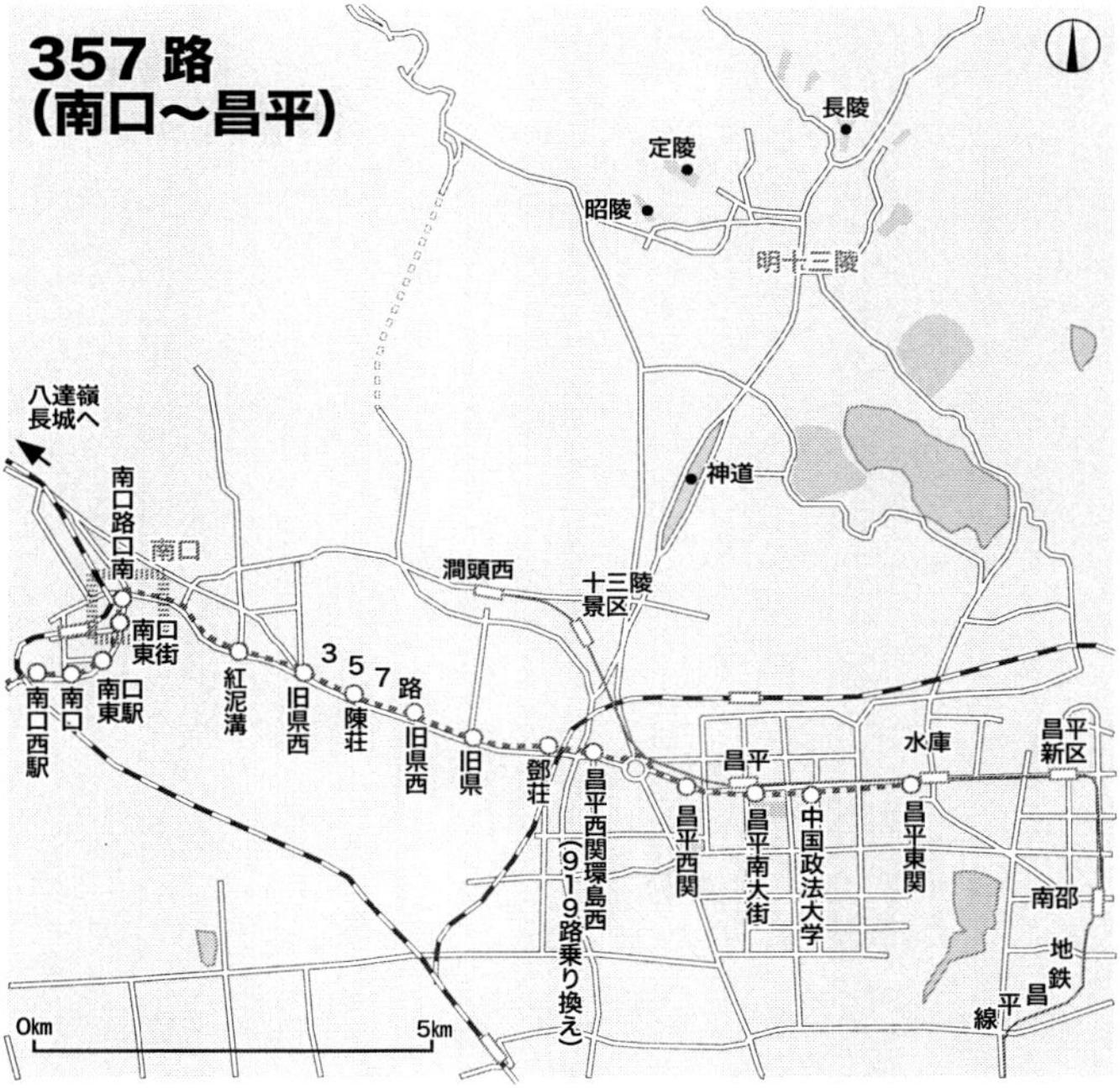
357路
(南口～昌平)
長陵
定陵
昭陵
明十三陵
神道
八達嶺
長城へ
南口路口南
南口
潤頭西
十三陵
景区
南口東街
南口西駅
南口
南口東駅
紅泥溝
旧県西
357路
陳荘
旧県西
旧県
鄧荘
昌平西関環島西
(919路乗り換え)
昌平西関
昌平
昌平南大街
中国政法大学
水庫
昌平東関
昌平新区
南部
地鉄昌平線
0km
5km

［DATA］919 路 jiǔ yāo jiǔ lù ジィウヤオジィウルウ

・【徳勝門→体育場小区（6時～ 19時）】【体育場小区→徳勝門（5時～ 18時半）】

・919 路停車駅（徳勝門　徳胜门ーーーーー南口路口北　南口路口北ー水関長城　水关长城ー八達嶺森林公園　八达岭森林公园ー八達嶺古長城　八达岭古长城ー八達嶺　八达岭ーーーーー体育場小区　体育场小区～）

・徳勝門から八達嶺長城まで 12 元、徳勝門から体育場小区まで 17 元

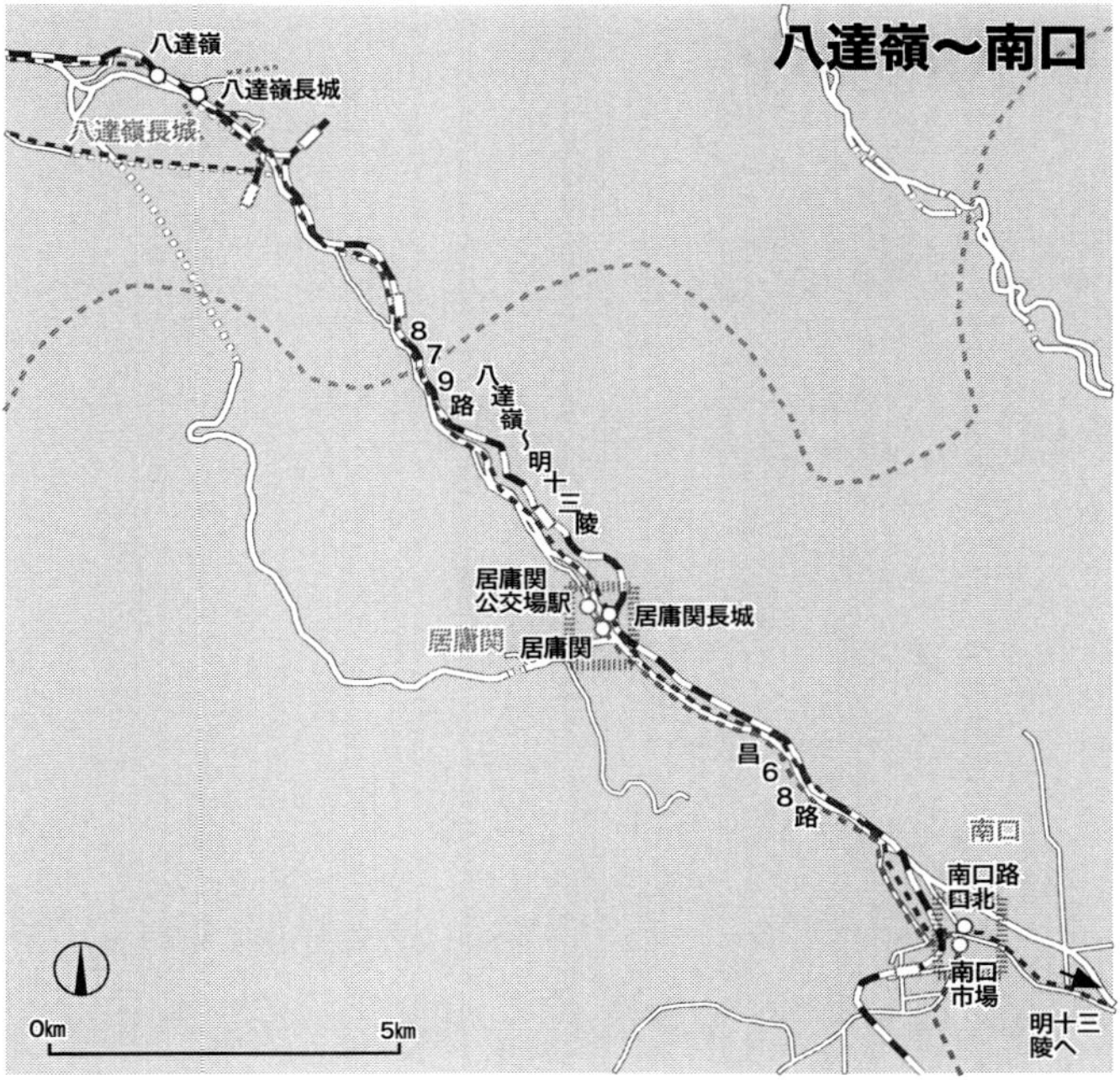
八達嶺～南口
八達嶺
八達嶺長城
八達嶺長城
879路
八達嶺～明十三陵
居庸関
公交場駅
居庸関長城
居庸関
居庸関
昌68路
南口
南口路
口北
南口
市場
明十三
陵へ
0km
5km

CHINA
長城

八達嶺長城に着いた！

北京市街からもっとも
かんたんに行ける万里の長城
八達嶺長城がいまここに

八達嶺長城に着いた！！

さあ877路、911路、879路、いずれかの路線バスで八達嶺長城に無事到着しました。存分に万里の長城をご堪能ください！！　と言いたいのですが、その前にちょっとだけ旅のひと知恵を。みなさまのなかで、よく見る八達嶺長城の地図に違和感をもたれたかたはいないでしょうか？　と言いますのは919路で北京市街から北西に向かって走ってきたのに、なぜかバス停から八達嶺長城まで南側に向かって歩くようになっているからです。より広範囲な地図で鳥瞰してみるとわかるのですが、北京市街方面から八達嶺長城へはものすごく長いトンネルをぬけ、ぐるっとまわって八達嶺長城に着くのです。そのため919路で着くバス停の「八達嶺駅」は八達嶺長城を超えた側（北西側）にあるというわけです。もうひとつ北京徳勝門から直通の877路に乗った場合、着くバス停は911路の場合と異なります。こちらは八達嶺長城手前側（南東側）に着き、バス停は「八達嶺長城駅」となります。八達嶺長城〜明十三陵間を走る879路はどちらも通りますが、八達嶺長城手前側の「八達嶺長城駅」は観光客のために整備された駅と言えそうです。

［DATA］**八達嶺長城** 八达岭长城
bā dá lǐng cháng chéng バァダァリンチャァンチャン

・4 ～ 10 月は朝 8 時～夕方 17 時閉まるの 18 時（45 元）

・11 ～ 3 月は朝 8 時半～夕方 16 時半閉まるの 17 時半（40 元）

八達嶺長城って・・・

さて八達嶺長城は、北側の女坂と南側の男坂の両側に城壁が伸び、ロープウェイやらスライダーやらもあります。1、2 時間ならすぐに経ってしまいます。ところで、八達嶺長城は一体、何時に閉まるのだ？？　と疑問をお感じになるかたも

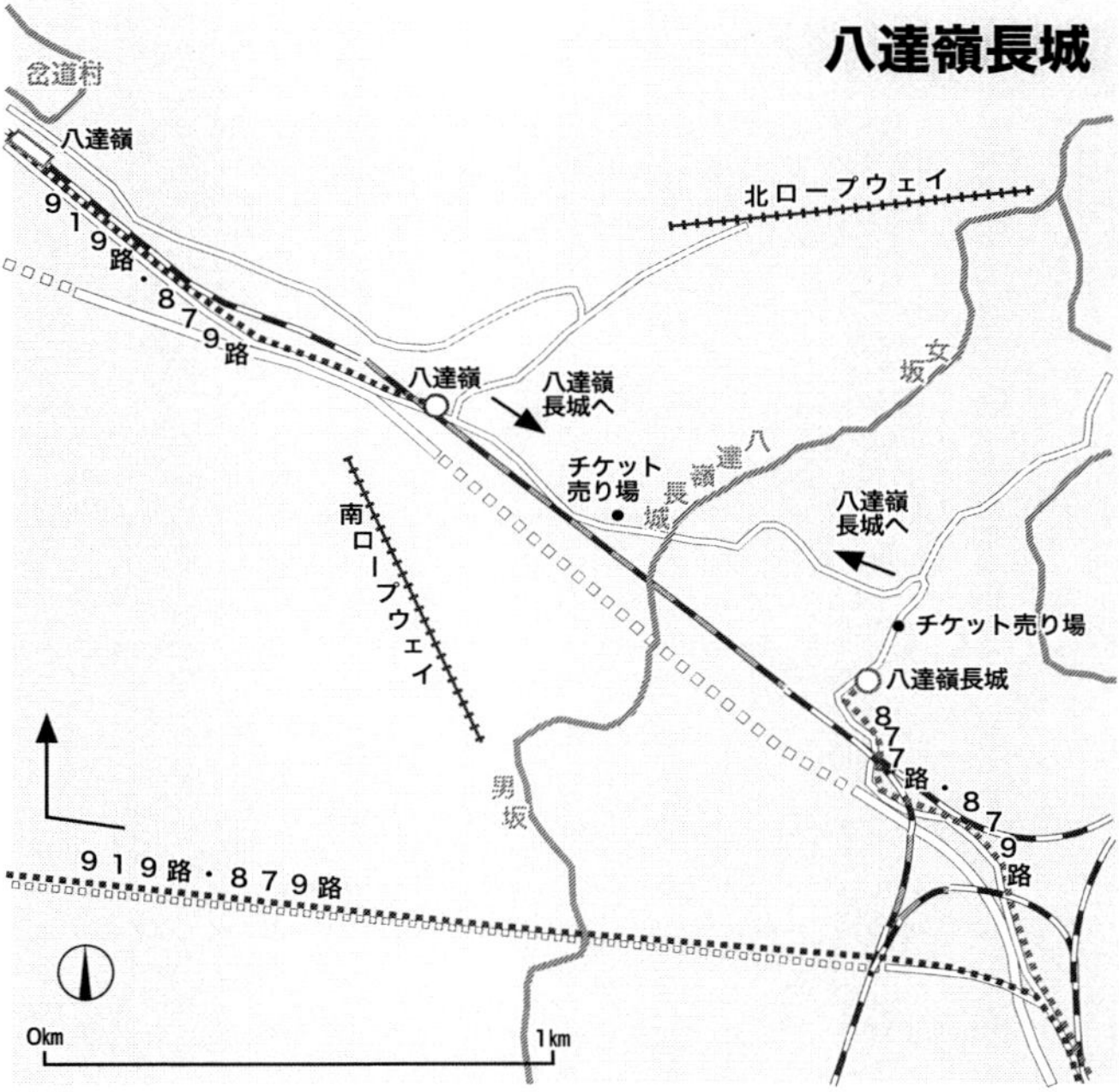

多いことでしょう。春夏は18時でその1時間前に入場終了、秋冬は17時半でその1時間前に入場終了が公式DATAのようですが、行く人や媒体によって書いてある時間が異なるようです。実際に旅した経験では、時間というよりも「もうそろそろかな」と日没の感じで閉まるようでした。8月に旅したとき普通に18時をまわっても長城観光していましたし、中国の場合、かっちり何時というより、担当のあの人が来た

ら開場、あの人が閉めるというので閉場ということも多いのです（世界遺産クラスではあまりないですが、地方の観光地ではそうした状況が多いです）。

【いま八達嶺長城［アクセス情報］】

→つぎ北京徳勝門（長城西側の八達嶺から919路、880路、長城東側の八達嶺長城から877路）

→つぎ明十三陵（長城東側の八達嶺長城から879路、また919路南口で357路に乗り換え昌平東関）

→つぎ居庸関（長城東側の八達嶺長城から879路、また919

▲左　八達嶺長城近くの岔道村にて、静かな時間が流れる。　▲右　女坂から見た八達嶺長城

路南口で昌 68 路に乗り換え）

→つぎ八達嶺鉄道駅（1000m 徒歩 13 分）

→つぎ岔道村（2000m 徒歩 25 分）

岔道村

さて次は明十三陵！　あるいは居庸関とこのあたりをじっくり旅すると時間がなくなってしまうのは常かもしれません。八達嶺長城でゆっくりしたい。そんな旅人におすすめなのが八達嶺長城西 2000 m にある岔道村です。この岔道村のホテルで 1 泊しましたが、観光地になっても不思議でないぐらい

の昔ながらの街並みが残り、しかも遠く「山の稜線上に長城」という絶景を見ることができたのです。この村に連れていかれたのは八達嶺長城でのこと。「ホテルを探している」と言ったらバイクの後ろに乗っけて連れていってもらえました。荘戸人家。たしか1泊120元ぐらいだったと思いますが交渉次第ではもっと安くなるはずです。Wi-Fi整備で、麻辣豆腐を注文したら、笑みがこぼれたので、よく日本人が来るということでしょう。ほかにも2、3件ホテル・レストランがありました。八達嶺あたりは北京市街よりも冷え込みますので、防寒対策は絶対に必要です。またその際、直接、岔道村に行

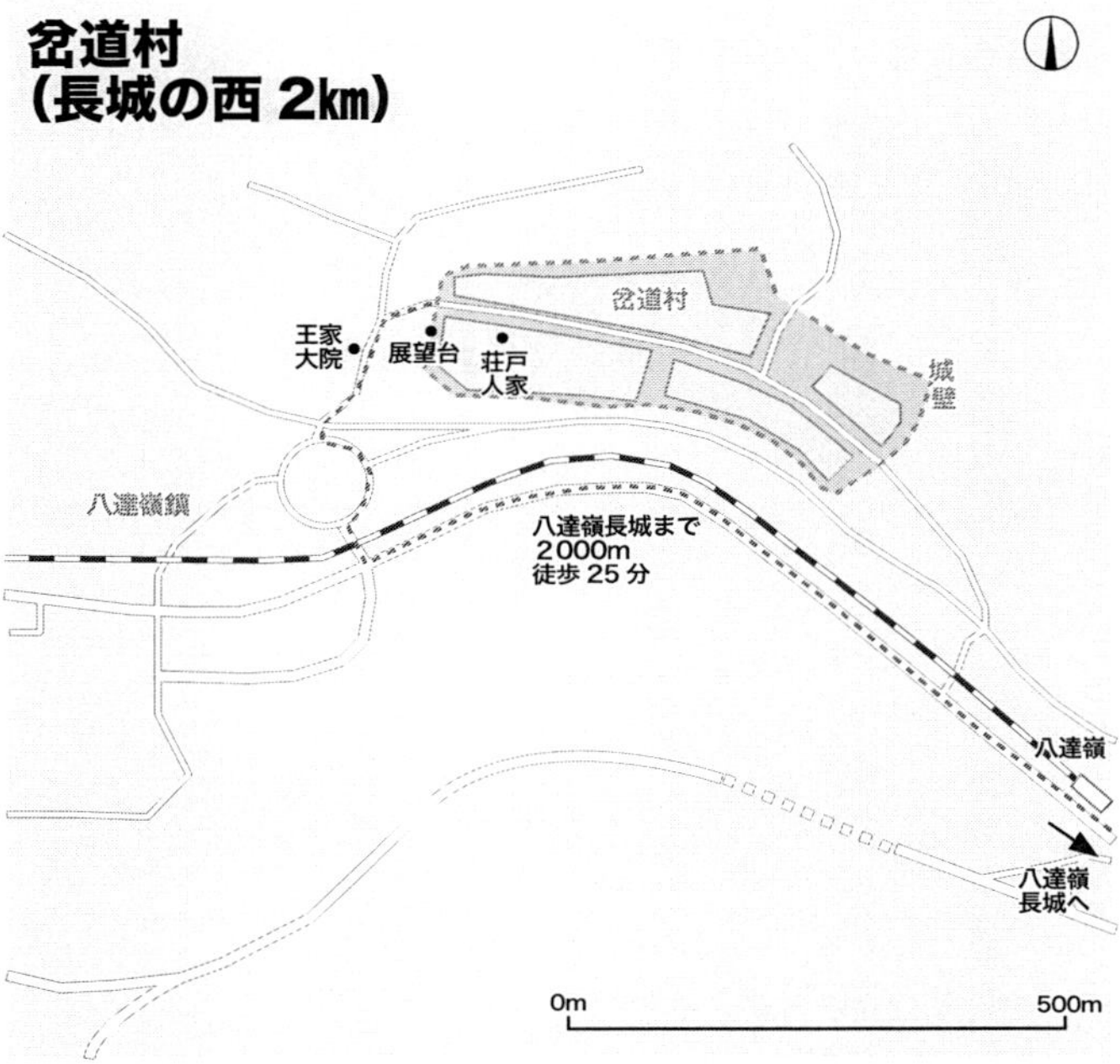

くのじゃなくて、人の多い八達嶺長城で誰かにホテルがあるか尋ねてみて、先に部屋を仮に抑えることをおすすめします(知り合いに電話で尋ねてくれました)。ちなみにこの岔道村でさらに興味深かったのは翌日の朝。この村の多くの人は八達嶺長城で観光業に従事しており、岔道村から八達嶺長城への軽い朝の通勤ラッシュが起きておりました。そのなかにはなんとフタコブラクダの姿も・・・。この村で生活している

人が八達嶺長城の売り子さんなどになっているのですね。また万が一、北京市街へ戻る路線バスに乗り遅れたかたにもこの岔道村での滞在をおすすめします（そうならないのが一番ですが)。

さあ北京徳勝門へ戻ろう

勢いのある行きは結構うまくいけるけど、帰りはぐったりというのが旅というものです。八達嶺長城から北京市街へ戻りましょう。徳勝門まで直通の877路は夕方17時前が終バス(長城東側の「八達嶺長城駅」から出発)、そのほかに長城西側

▲左　山の稜線にそって長城が見える、岔道村から。　▲右　北京へ帰る時間もしっかりチェックしたい

の「八達嶺駅」からは、河北省懐来から徳勝門へいたる880路（終バス夕方17時前）と、延慶体育場小区から徳勝門へ行く919路（終バス夕方18時半前）のふたつがやってきます。いずれに乗っても北京徳勝門に帰ることは可能で、すべてのバスの行き先は徳勝門ですのでご安心ください。ただしできるだけ夕方17時までの877路で帰って、終バス夕方18時半前の919路はなにかトラブルが起こったときの保険としておくのをおすすめします。

［DATA］877 路 bā qī qī lù バアチイチイルウ

・【徳勝門→八達嶺長城（朝 6 時～昼 12 時半、午前中のみの運行)】【八達嶺長城→徳勝門（朝 10 時半～夕方 17 時 / 秋冬朝 11 時～夕方 16 時半)】

・877 路停車駅（八達嶺長城　八达岭长城ー紅葉嶺　红叶岭ー徳勝門　德胜门）

・八達嶺長城から徳勝門まで 12 元

［DATA］919 路 jiŭ yāo jiŭ lù ジィウヤオジィウルウ

・【徳勝門→体育場小区（5 時 45 分～ 19 時)】【体育場小区→

徳勝門（5時～18時半）】

・919路停車駅（体育場小区　体育场小区ーーーーー八達嶺八达岭ー八達嶺古長城　八达岭古长城ー八達嶺森林公園　八达岭森林公园ー水関長城　水关长城ー南口路口北　南口路口北ー紅泥溝　红泥沟ー陳荘　陈庄ー鄧荘　邓庄ー昌平西関環島　西昌平西关环岛西ー水屯　水屯ー沙河　沙河ー西三旗橋北　西三旗桥北ー祁家豁子　祁家豁子ー馬甸橋南　马甸桥南ー徳勝門　德胜门）

・八達嶺長城から徳勝門まで12元

サイコーのおまけ 居庸関

CHINA
長城

時間があったらまわりたい
八達嶺長城にも負けない
壮麗な居庸関と居庸関長城

居庸関へ GO

実は、この方面の旅でとてもオススメなのが居庸関です。八達嶺長城と変わらないほど中国人観光客がいます。八達嶺長城とは距離的に近いのに、走っているバスの路線が微妙にずれてしまっているので、スルーしがちですが、この居庸関へは南口市場（南口东大街）から昌 68 路に乗って 20 分程度。居庸関か居庸関公交場駅下車です。なぜふたつ書いたかというと居庸関公交場駅は居庸関のなかにあるバス停なので、切符売り場に近い居庸関でおろしてもらったからです。もちろんどちらでも歩いてすぐです。また、南口にはタクシードライバーが結構いて、4人で乗る乗り合いタクシーで居庸関までひとり10元でした。ちなみにこの居庸関と八達嶺長城、明十三陵の3つを1日でまわるのは不可能です。八達嶺長城と居庸関をセット。あるいは岔道村で1泊して1泊2日で3つをまわるなら充実した旅を漫喫できます。

［DATA］**居庸関** 居庸关 **jū yōng guān ジュウヨンガァン**

・4～10月は朝7時半～夕方17時（45元）

・11～3月は朝8時～夕方17時（40元）

【いま居庸関［アクセス情報］】

→つぎ八達嶺長城（居庸関長城から879路、あるいは居庸関公交場駅から昌68路で南口市場に戻り乗り換え）

→つぎ明十三陵（居庸関長城から879路）

→つぎ南口（居庸関公交場駅から昌68路）

→つぎ北京徳勝門（居庸関公交場駅から昌68路で南口市場まで行き919路に乗り換え）

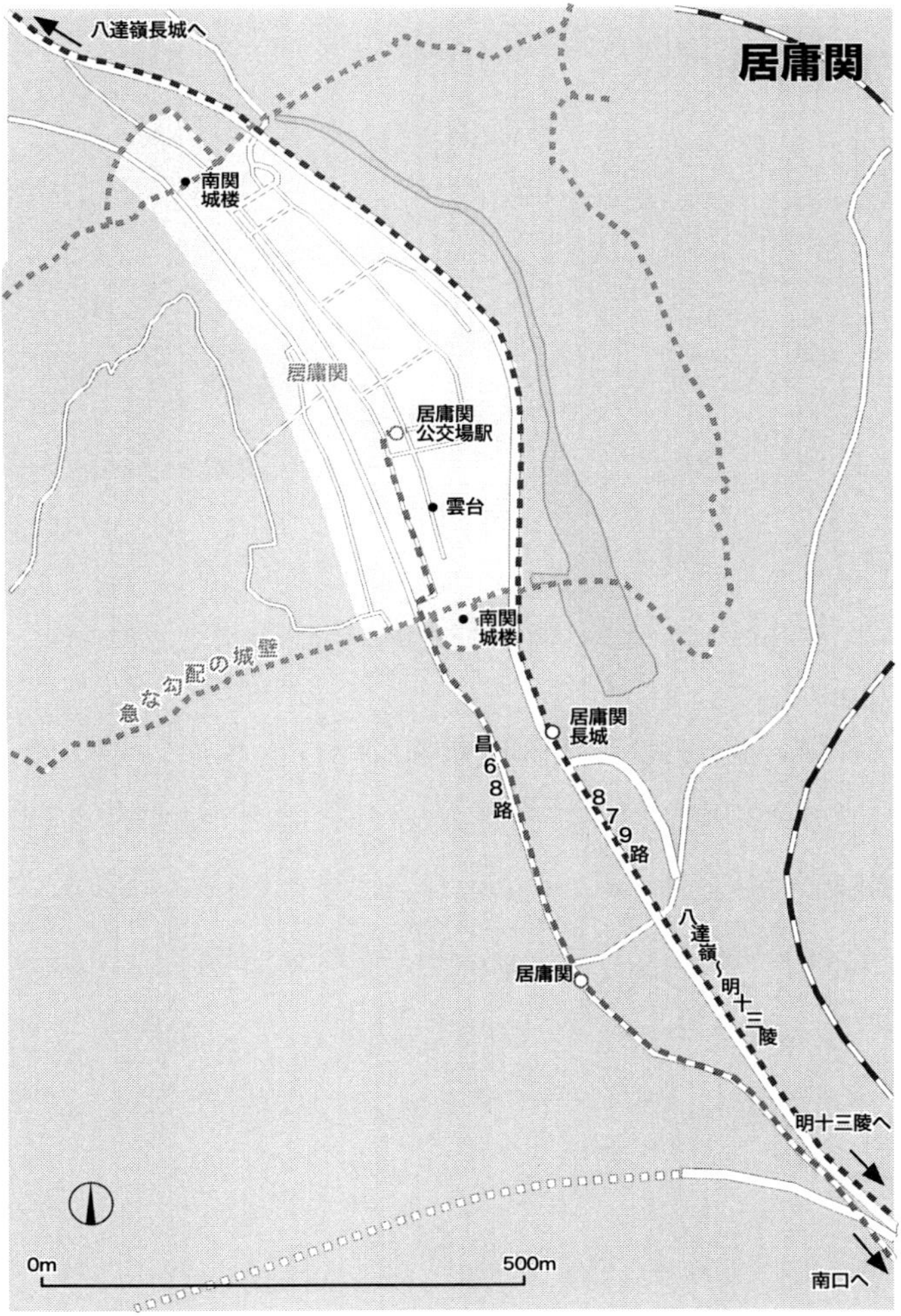
居庸関
八達嶺長城へ
南関
城楼
居庸関
居庸関
公交場駅
雲台
南関
城楼
急な勾配の城壁
居庸関
長城
昌68路
879路
八達嶺～明十三陵
居庸関
明十三陵へ
南口へ
0m
500m

▲左　中国人観光客の多い居庸関長城。　▲右　北京北駅に通じる鉄道の八達嶺駅

［DATA］昌 68 路 chāng liù bā lù チャアンリィウバアルウ

・【沙河→居庸関公交場駅（朝 6 時 40 分～夜 20 時 20 分）】【居庸関公交場駅→沙河（朝 5 時半～夕方 18 時）】

・昌 68 路停車駅（沙河沙河ーーーーー南口市場　南口市场ー大堡　大堡ー採石場　采石场ー臭泥坑　臭泥坑ー東園村　东园村ー南站村　南站村ー　居庸関　居庸关ー居庸関公交場駅　居庸关公交场站）

【MEMO】

我到了 !!

「不到長城非好漢、我到了 !!（長城に到らざれば好漢にあらず。私は到った)」。八達嶺長城のチケットに記されている毛沢東の言葉です。八達嶺長城、居庸関、明十三陵とご案内しましたが､いずれも超がつく有名な観光地ですので､タクシーやリキシャを上手に使うことで一気に旅の快適度はあがると思います。たとえば長距離の八達嶺長城と明十三陵のあいだは路線バス利用するけど、明十三陵ではすべてタクシーでまわるといった方法をおすすめします。八達嶺長城には個人的にすごく思入れがあり、はじめて春先に八達嶺長城を訪れたとき、吹雪いているなかで観光したのを憶えています。そして、無料のお茶サービスを出す店の壁が忍者屋敷のように回転し、その奥では「カバン」や「時計」などが売られていました（今はもうないと思います）。北京は、北海道人などの例外をのぞいて日本人にはちょっと不慣れな、嫌な寒さをもっています。そのため、路線バスでは行くけど、無理は絶対にしない。迷ったらやめること。これは路線バスで旅する鉄則です。最後に、この旅行ガイドが旅人のみなさまのよりよき指針になればさいわいです。自力でゆく八達嶺長城と明十三陵の旅をどうぞご堪能ください。

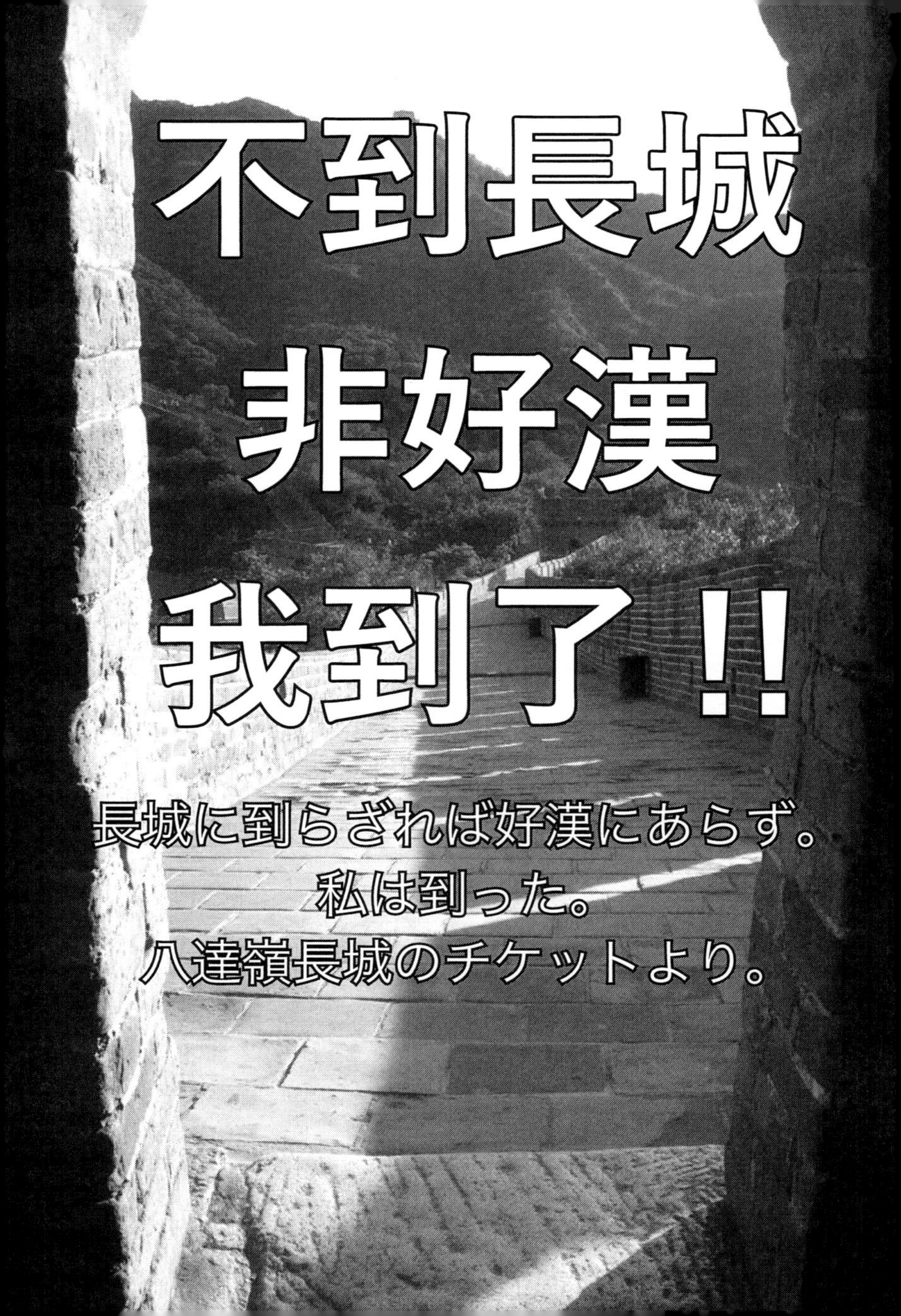
不到長城
非好漢
我到了!!
長城に到らざれば好漢にあらず。
私は到った。
八達嶺長城のチケットより。

あとがき

2005年に出版された『アフガニスタンガイドブック』以来、10年間、私はほとんどの時間、旅行ガイドのことを考えてきました。旅行ガイドは観光情報、地図、ホテル・レストラン情報、旅人の口コミなどの要素で構成されていますが、「地図」と「アクセス情報」こそ旅行ガイドの胆だと私はずっと考えています。

10年前のあのとき、徒手空拳で向かっていた私に、アフガニスタンの人びとは驚くほど寛容な心と態度で私を迎えて

図1

●アクセス

他の街からプリホムリへの行き方(to PUL-I-KHUMRI)

出発地	サマンガン(SAMANGAN)	マザリシャリフ(MAZAR-I-SHARIF)	クンドゥズ(KUNDUZ)	カブール(KABUL)
所要時間(目安)	1.5時間	3.5時間	2時間	6時間
乗り場	バンダル	[illegible]	[illegible]	[illegible]
バス				[illegible]50AF
タウンエース	60AF	[illegible]	[illegible]	
ボギー	60AF	[illegible]	150AF	
カローラ		170AF	200AF	12時間

プリホムリから他の街への行き方(from PUL-I-KHUMRI)

行き先	サマンガン(SAMANGAN)	マザリシャリフ(MAZAR-I-SHARIF)	クンドゥズ(KUNDUZ)	カブール(KABUL)
所要時間(目安)	1.5時間	3.5時間	2時間	6時間
乗り場	[illegible]	バンダルマザル	バンダルクンドゥズ	バンダルカブール
バス				
タウンエース	60AF	100AF	100AF	200AF
ボギー	60AF	150AF	130AF	250AF
カローラ		180AF	170AF	

※カブールからマザリシャリフ行きの大型バスが頻発している。プリホムリまでは200AFで途中下車ができる。冬季はサラン峠の通行状況が流動的で、時間の計算ができない。

くれました。これが頼ってきたものに施しを与えるアフガニスタンの文化か、と痛感させられたのです。

私は掲載されているアフガニスタン全土の街をこの足で実際に歩いて、ひとつひとつ情報を地図に落とし込み、場合によっては自分で歩いて地図をつくりました。この日本初(世界でもほとんどはじめて)の旅行ガイド制作にあたって「アフガニスタンは実際に旅行ができるんだ」という想いから、もっとも力を入れたのがアクセス情報です。

【図1】は当時の三一書房の編集者によってAK図表法と名づけていただいたものです。乗りものによって違う価格、

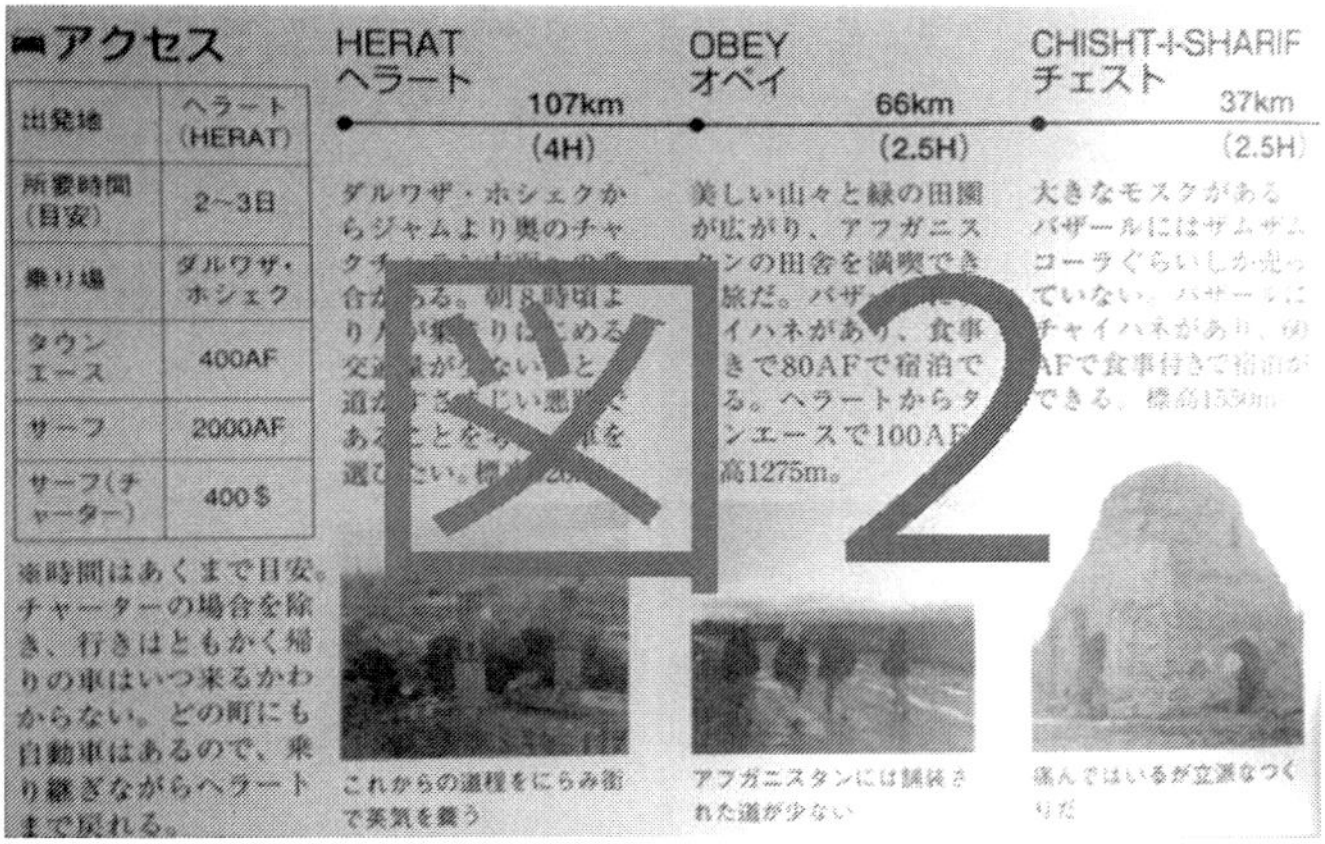

「いま」「どこへ」というアクセス情報をページを横断することなく、ひと目でわかるように工夫しました。また【図2】は、当時、旅行アクセス情報がほとんどなかった世界遺産のジャームのミナレットへのヘラートからの街道と、街道沿いの街の情報です。旅行ガイドに掲載されていない街や宿場にも、旅人は足を踏み入れるのであり、実際にそこを歩いた者によって、情報が更新され続けたなら、という想いがありました。

この『アフガニスタンガイドブック』より10年、「メールを送受信」したり、「情報をとる」といったネット利用から、

「SNSを通して自分がネットの世界へ参加する」「スマホを通じて手のひらにネットの世界がある」というように、劇的に旅行環境も変化してきました。

こうしたなか2011年、私はまちごとパブリッシングをたちあげ、観光情報を中心とした旅行ガイドをリリースしてまいりましたが、このたび、アクセス情報専門の旅行ガイド自力旅游中国『Tabisuru CHINA（旅するチャイナ）』をリリースさせていただくことになりました。アクセス情報やホテルの価格などは常に変動するもので、更新の必要なものです。この旅行ガイドのやりかたが正しいのか、正直、旅人のみなさまのご判断にゆだねる以外にありません。match.pub@gmail.com が私のメールアドレスです。ご利用いただいたみなさまのお気づきの点、ご意見をお待ちしています。

2015 年 1 月 12 日　たきざわ旅人

参考資料

『万里の長城は月から見えるの？』（武田雅哉／講談社）

中国国家観光局（日本語）http://www.cnta.jp/

北京市観光局（日本語）http://japan.visitbeijing.com.cn/

北京公共交通集団（中国語）http://www.bjbus.com/

八达岭特区官方网站（中国語）http://www.badaling.cn/

オープンストリートマップ http://www.openstreetmap.org/

まちごとパブリッシングの旅行ガイド

Machigoto INDIA , Machigoto ASIA , Machigoto CHINA

【北インド - まちごとインド】

001 はじめての北インド
002 はじめてのデリー
003 オールド・デリー
004 ニュー・デリー
005 南デリー
012 アーグラ
013 ファテープル・シークリー
014 バラナシ
015 サールナート
022 カージュラホ
032 アムリトサル

【西インド - まちごとインド】

001 はじめてのラジャスタン
002 ジャイプル
003 ジョードプル
004 ジャイサルメール
005 ウダイプル
006 アジメール（プシュカル）
007 ビカネール
008 シェカワティ
011 はじめてのマハラシュトラ
012 ムンバイ
013 プネー
014 アウランガバード
015 エローラ
016 アジャンタ
021 はじめてのグジャラート
022 アーメダバード
023 ヴァドダラー（チャンパネール）
024 ブジ（カッチ地方）

【東インド - まちごとインド】

002 コルカタ
012 ブッダガヤ

【南インド - まちごとインド】

001 はじめてのタミルナードゥ
002 チェンナイ
003 カーンチプラム
004 マハーバリプラム
005 タンジャヴール
006 クンバコナムとカーヴェリー・デルタ
007 ティルチラパッリ
008 マドゥライ
009 ラーメシュワラム
010 カニャークマリ
021 はじめてのケーララ
022 ティルヴァナンタプラム
023 バックウォーター（コッラム～アラップーザ）
024 コーチ（コーチン）
025 トリシュール

【ネパール - まちごとアジア】

001 はじめてのカトマンズ
002 カトマンズ
003 スワヤンブナート

004 パタン
005 バクタプル
006 ポカラ
007 ルンビニ
008 チトワン国立公園

【バングラデシュ - まちごとアジア】

001 はじめてのバングラデシュ
002 ダッカ
003 バゲルハット（クルナ）
004 シュンドルボン
005 プティア
006 モハスタン（ボグラ）
007 パハルプール

【パキスタン - まちごとアジア】

002 フンザ
003 ギルギット（KKH）
004 ラホール
005 ハラッパ
006 ムルタン

【イラン - まちごとアジア】

001 はじめてのイラン
002 テヘラン
003 イスファハン
004 シーラーズ
005 ペルセポリス
006 パサルガダエ（ナグシェ・ロスタム）
007 ヤズド
008 チョガ・ザンビル（アフヴァーズ）
009 タブリーズ
010 アルダビール

【北京 - まちごとチャイナ】

001 はじめての北京
002 故宮（天安門広場）
003 胡同と旧皇城
004 天壇と旧崇文区
005 瑠璃廠と旧宣武区
006 王府井と市街東部
007 北京動物園と市街西部
008 頤和園と西山
009 盧溝橋と周口店
010 万里の長城と明十三陵

【天津 - まちごとチャイナ】

001 はじめての天津
002 天津市街
003 浜海新区と市街南部
004 薊県と清東陵

【上海 - まちごとチャイナ】

001 はじめての上海
002 浦東新区
003 外灘と南京東路
004 淮海路と市街西部
005 虹口と市街北部
006 上海郊外（龍華・七宝・松江・嘉定）
007 水郷地帯（朱家角・周荘・同里・甪直）

【河北省 - まちごとチャイナ】

001 はじめての河北省
002 石家荘
003 秦皇島
004 承徳
005 張家口
006 保定
007 邯鄲

【江蘇省 - まちごとチャイナ】

001 はじめての江蘇省
002 はじめての蘇州
003 蘇州旧城
004 蘇州郊外と開発区
005 無錫
006 揚州
007 鎮江
008 はじめての南京
009 南京旧城
010 南京紫金山と下関
011 雨花台と南京郊外・開発区
012 徐州

【浙江省 - まちごとチャイナ】

001 はじめての浙江省
002 はじめての杭州
003 西湖と山林杭州
004 杭州旧城と開発区
005 紹興
006 はじめての寧波
007 寧波旧城
008 寧波郊外と開発区
009 普陀山
010 天台山
011 温州

【福建省 - まちごとチャイナ】

001 はじめての福建省
002 はじめての福州
003 福州旧城
004 福州郊外と開発区
005 武夷山
006 泉州
007 厦門
008 客家土楼

【広東省 - まちごとチャイナ】

001 はじめての広東省
002 はじめての広州
003 広州古城
004 天河と広州郊外
005 深圳（深セン）
006 東莞
007 開平（江門）
008 韶関
009 はじめての潮汕
010 潮州
011 汕頭

【遼寧省 - まちごとチャイナ】

001 はじめての遼寧省
002 はじめての大連
003 大連市街
004 旅順
005 金州新区

006 はじめての瀋陽
007 瀋陽故宮と旧市街
008 瀋陽駅と市街地
009 北陵と瀋陽郊外
010 撫順

【重慶 - まちごとチャイナ】

001 はじめての重慶
002 重慶市街
003 三峡下り（重慶～宜昌）
004 大足

【香港 - まちごとチャイナ】

001 はじめての香港
002 中環と香港島北岸
003 上環と香港島南岸
004 尖沙咀と九龍市街
005 九龍城と九龍郊外
006 新界
007 ランタオ島と島嶼部

【マカオ - まちごとチャイナ】

001 はじめてのマカオ
002 セナド広場とマカオ中心部
003 媽閣廟とマカオ半島南部
004 東望洋山とマカオ半島北部
005 新口岸とタイパ・コロアン

【Juo-Mujin（電子書籍のみ）】

Juo-Mujin 香港縦横無尽
Juo-Mujin 北京縦横無尽
Juo-Mujin 上海縦横無尽

【自力旅游中国 Tabisuru CHINA】

001 バスに揺られて「自力で長城」
002 バスに揺られて「自力で石家荘」
003 バスに揺られて「自力で承徳」
004 船に揺られて「自力で普陀山」
005 バスに揺られて「自力で天台山」
006 バスに揺られて「自力で秦皇島」
007 バスに揺られて「自力で張家口」
008 バスに揺られて「自力で邯鄲」
009 バスに揺られて「自力で保定」
010 バスに揺られて「自力で清東陵」
011 バスに揺られて「自力で潮州」
012 バスに揺られて「自力で汕頭」
013 バスに揺られて「自力で温州」

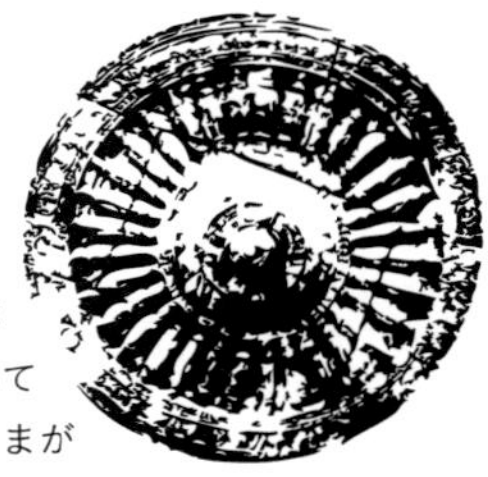

【車輪はつばさ】
南インドのアイ
ラヴァテシュワラ
寺院には建築本体
に車輪がついていて
寺院に乗った神さまが
人びとの想いを運ぶと言います。

・本書はオンデマンド印刷で作成されています。
・本書の内容に関するご意見、お問い合わせは、発行元の
まちごとパブリッシング info@machigotopub.com までお願いします。

Tabisuru CHINA 001
バスに揺られて「自力で長城」
～自力旅游中国［モノクロノートブック版］

2017年11月14日　発行

著　者　「アジア城市（まち）案内」制作委員会
発行者　赤松　耕次
発行所　まちごとパブリッシング株式会社
〒181-0013　東京都三鷹市下連雀4-4-36
URL　http://www.machigotopub.com/
発売元　株式会社デジタルパブリッシングサービス
〒162-0812　東京都新宿区西五軒町11-13
清水ビル3F
印刷・製本　株式会社デジタルパブリッシングサービス
URL　http://www.d-pub.co.jp/

MP171

ISBN978-4-86143-305-4 C0326　Printed in Japan

本書の無断複製複写（コピー）は、著作権法上での例外を除き、禁じられています。